Ariel Batista Osorio

Vivencias del Proyecto Cultural Nostre Club

Ariel Batista Osorio

Vivencias del Proyecto Cultural Nostre Club

Mons. Pere Grau i Andreu. Ensayo

JustFiction Edition

Imprint

Any brand names and product names mentioned in this book are subject to trademark, brand or patent protection and are trademarks or registered trademarks of their respective holders. The use of brand names, product names, common names, trade names, product descriptions etc. even without a particular marking in this work is in no way to be construed to mean that such names may be regarded as unrestricted in respect of trademark and brand protection legislation and could thus be used by anyone.

Cover image: www.ingimage.com

Publisher:
JustFiction! Edition
is a trademark of
Dodo Books Indian Ocean Ltd., member of the OmniScriptum S.R.L Publishing group
str. A.Russo 15, of. 61, Chisinau-2068, Republic of Moldova Europe
Printed at: see last page
ISBN: 978-620-3-57494-4

VIVENCIAS DEL PROYECTO CULTURAL NOSTRE CLUB

Mons. Pere Grau i Andreu

Les Planes - Barcelona España

Ensayo

Ariel G. Batista Osorio

Imagen de la Virgen en la Parroquia donde oficiaba Mons. Pere Grau i Andreu

Sin ningún temor a equivocación alguna, dedicar nuestra creatividad a reconocer a quien dejara una imborrable huella en los corazones de los poetas profesionales y populares, constituye un agradecimiento al peregrinar por la vida terrenal. A de Mons. Pere Grau i Andreu, como solía darse a conocer en cada libro editado, este gran hermano y colega.

El autor

A la memoria de Mons. Pere Grau

Prefacio

No es nada fácil la empresa que ha asumido el escritor en poner todo su intelecto en dedicar esta obra a alguien que desde su niñez dedicó su vida a buscar a Dios, incluso en sus juegos de la infancia con sus amiguitos del barrio. Luego asumir la imperiosa responsabilidad – porque así lo sintió -, a intermediar entre su pueblo y su Señor; la única razón: sembrar el amor en los corazones de las personas con quien tratara y realizar una labor de servidumbre sin restricción alguna; así como desarrollar el don de poeta. "Siempre estuvo de guardia en la Parroquia y listo a acudir al llamado de algún necesitado en los dos hospitales que atendía". Nunca cerró las puertas de la Iglesia, y mucho menos las de su corazón sediento de aliviar el dolor, la angustia, la tristeza, de quienes a él acudieron.

Monseñor Pere Grau i Andreu, fue una de esas personas entregadas en cuerpo y alma a la fe que profesó, aun desde la distancia, sin llegar a conocerle personalmente un inmenso número de escritores y poetas le amaron. Personas que de diversas latitudes del planeta, algunos de una manera muy popular, con faltas de técnicas literarias, pero con un enorme y valioso sentimiento, escribieron al Proyecto Cultural Nostre Club de La Parroquia de Les Planes, Nuestra Señora de La Salud, de Barcelona, España, se les atendió y publicó sus creaciones, y años tras años contaron con un espacio que les permitió, primero: derramar su amor al mundo, segundo: sentir la satisfacción de ver publicadas en blanco y negro sus poesías, gracias al amor, esfuerzo, y dedicación de aquel valeroso sacerdote Pere Grau.

En su escrito publicado precisamente en el Qvaderns de Poesía de Nostre Club, el Académico Rafael M. Altamirano Ninalquín, de Villa Dolores (Cba.), Capital de la Poesía. Argentina manifestó: que aunque el libro padecía de algunos errores, pero la obra es de notable generosidad y la difusión, muy vasta (1).

Hoy, recopilando, tomando fotos, comentando, exponiendo criterios, incluso con el reflejo de sus creaciones poéticas y cartas, también publicadas en Nostre Club, bajo la dirección de ese gran hombre de alta estatura espiritual que fuera Mossén Pere Grau.

Creo que la presente obra, si no la primera, pueda ser una puerta al mundo para que quien dedicó su vida a Dios, al prójimo, y a la poesía, favoreciendo con su esfuerzo personal, el apoyo del colectivo que siempre estuvo a su lado, no solo en esta tarea, sino en la atender un Hogar de Ancianos, también obra de su corazón, y los donativos de quienes generosamente hicieron posible sus sueños en pro de los desposeídos, y de sus colegas poetas en el mundo, que en su terruño no tuvieron igual cobertura para que hicieran llegar a muchos que lo añoraban, y que lo reconocieron en sus escritos de agradecimientos, el amor en las letras.

A Monseñor Andreu i Pere Grau, su merecido homenaje.

Flor Teresa Rodríguez Peña

(1) Qvaderns de Poesía Nostre Club, pág. 312 – Año 2013.

VIVENCIAS DEL PROYECTO CULTURAL NOSTRE CLUB

Cómo llegó Nostre Club, desde Barcelona en España, hasta mí?

Recuerdo ese día, tenía bastante trabajo; hasta mi despacho llegó, como era su costumbre saludarme e intercambiar conmigo, el capitán, jubilado de la policía, mi gran amigo de años, José Orlando del Río Aguilera, quien siempre cultivó la creación de canciones, con premios y reconocimientos a nivel nacional en el evento Adolfo Guzmán, y la poesía, también laureada. Él sabía que mi tiempo libre era muy reducido debido a la responsabilidad laboral que desempeñaba, pero, que mi devoción por la poesía era de gran magnitud, tenía alguna participación y premiación en obras dedicadas al arte cristiano, y la atención que recibía del Centro de Promoción Cultural de la provincia de Cienfuegos, desde donde su director, Ian, solía convocarme a diversas actividades literarias y concursos producidos en su territorio; así como en otras localidades e instituciones del país. Mi amigo me tenía preparada una sorpresa, mas, me dio tiempo a que le expusiera algo sobre mis últimas creaciones, resultados, etc., pues, a él le satisfacía entablar conmigo conversaciones de esa índole y, sobre todo nuestro éxito.

Llegado el momento oportuno, extrajo de su portafolio un libro de encuadernación color crema, en cartulina, el cual tenía grabado un rectángulo mandarina en el centro; pude observar que escribía al reverso de la contraportada y, finalmente lo extendió hacia mí, era el volumen treinta y cinco del Qvaderns de Nostre Club, para mí hasta ese momento desconocido. Me dijo: es tuyo, te lo regalo, recibí varios, como todos los años me los envían y decidí dedicarte éste e invitarte a que también escribas y envíes tus poesías para que te las publiquen anualmente.

La dedicatoria dice, pues, aun conservo el mismo con tremenda gratitud:

Holguín, noviembre 2012

Co. Ariel

En el cielo azul celeste,

los ángeles cantan

junto contigo armonizando

el alma silente de tu amistad,

de pronto llega la luz, alma

donde nunca han llegado las estrellas,

y danzan alrededor del universo,

iluminando la hermosa tierra

y su único y tierno canto de paz.

Ariel, con la evocación del nuevo año

2013 tú alzarás los brazos, los extenderás

como todos nosotros de afecto y amistad,

de tantos halagos y sueños.

Navidad que se avecina para que la

felicidad nos traiga cosas lindas

y bellas, y abra en nuestros corazones

la satisfacción de ver reunida una

familia amorosa y una plena

amistad de compañeros y amigos.

Ariel, esta joya literaria editada

en Barcelona España tiene más

de quinientos poemas, no la preste

que note la devuelven, y fórralo.

Tu compañero

José Orlando del Río Aguilera

Aun, con certeza no sabía lo que tenía en mis manos que mi amigo y colega me había obsequiado. Lo miré, hojee muy rápidamente, vi que tenía muy buenas fotos casi al final del libro y, dándole las gracias por aquel lindo regalo lo puse en el maletín con la idea fija de leerlo enseguida que llegara a mi vivienda. Pero nunca imaginé que ese cuaderno, sin registrar, sin derechos reservados, sin precio, porque el valor se lo da “el amor al prójimo” con que es recopilada toda la obra que contiene, su publicación impresa, y la garantía de que a cada autor, anualmente, se les hiciera llegar a su domicilio cuatro, cinco, o seis ejemplares, en dependencia de la producción que se lograra imprimir, me imagino, y el presupuesto logrado durante el año mediante las donaciones en dinero que Pere Grau recibiera, además de lo que él destinaba de su peculio personal.

José Orlando del Río Aguilera

Ejemplar recibido, cual regalo de mi amigo José Orlando

Foto tomada por el autor

Qué pude observar en el Qvaderns de Nostre Club de ese año 2012?

Ante todo, tenía en mis manos un libro de buen volumen, de alrededor quinientas páginas de papel blanco de buena calidad y, unas cuantas fotografías muy llamativas y, bien tomadas.

Inicialmente, lo que más me llamó la atención del libro fue su manera tan peculiar de presentación. En su portada, como puede observarse en la foto anterior, no hay imagen alguna, solo un rectángulo donde aparece una relación de todos los poetas participantes en ese año, en este caso de color mandarina intenso, pues, cada año varía, sin nada impreso en el reverso de la portada, ni tampoco en la contraportada y su interior. Le siguió a la portada una foto muy bien captada de la Virgen Nuestra Señora de La Salud, que aparece también en una especie de nicho en la Parroquia.

Virgen Nuestra Sra. de La Salud

Mas, lo que me pareció grandemente diferente, fue que en dicho libro, pienso que como es algo interno de ese Proyecto Cultural, fundado y puesto en marcha por Mossén Pere Grau, hecho conforme a su iniciativa, no asociado a nadie más, con el altruista objetivo de satisfacer a tantos poetas populares de distintos países que nunca tuvieron el apoyo de alguien; necesitados de esa atención espiritual y, aunque no devengaran un centavo por su obra, porque en realidad el trabajo literario no es pago con nada, no se hace por dinero como objetivo primordial y, sintieron el agradecimiento de que su mensaje, salido del corazón, recorriera parte del mundo, fuera leído y, causara algún efecto en el sentimiento humano, quizá logrando que alguien cambiara su vida o la fortaleciera sirviéndole de consuelo en su tiempo oscuro de su existencia. Lo cierto es que de una manera muy personal el libro no tiene identificación legal, no hay en él un sumario, un editor, un consejo de redacción, un corrector, etc., simplemente fue un volumen repleto de amor por el prójimo. Pienso que a Mons. Pere Grau, cuya voluntad fue agradar a Dios y a sus semejantes tratando de encontrar el camino que llevara a todos por las sendas del bien, le rebosara el corazón de alegría cada vez que hacía una tirada de su "valioso" libro para muchos en el mundo. Solo hay que sentarse a leer el contenido del mismo, las cartas recibidas por el Padre Pere Grau de tantos y tantas personas repletas de regocijo por haberles facilitado ver sus obras impresas y recorriendo parte del mundo, además de tener garantizado que cada año llegaran hasta ellos una cantidad de libros para dedicar y obsequiar a sus amistades y seres queridos. Por ello, pienso, que a Monseñor no le interesaba otra cosa y, el inicio de su recopilación encuadernada fuera no con una introducción o prefacio, como atemperado a la rígida norma para no ser "censurado", suele hacerse, sino un simple **HOLA!** a sus queridos "hijos", como señalara en este primer libro llegado a mí – en buena hora -, el cual, no me permití nunca criticar, sino agradecer, aunque supiera todos los detalles e inobservancias literarias que en él se encerraban, pues, en su escrito de inicio siempre palpé su corazón de buen y cristiano hombre.

Así el escrito **HOLA!** de ese año 2012, que me cautivó:

HOLA!

Tiempos difíciles los del 1936! Incertidumbre, miedo, proximidad de una guerra. Un niño de cuatro años no podría olvidar.

El Obispo de Barcelona, Dr. Irurita, realizaba la visita pastoral por los pueblos del Penedés. Como si fuera la última. Administraba el Sacramento de la

Confirmación sin contemplar la edad. Fui confirmado. La imagen del báculo y la mitra son imágenes fijas en mí.

Se inició la persecución religiosa. LA IGLESIA DE SANT GENIS DE PACS fue incendiada. Nubarrones negros subían por el cielo azul. Yo no comprendía. Hallaron el cuerpo sin vida de nuestro Rector mossén BARTOMEU oculto entre viñas durante tres días. Continuaba sin comprender!

Las familias buscaban protección en los refugios excavados en la tierra. Los niños, - como conejos en la madriguera -, nos asomábamos para no perder detalle. Sería otra forma de jugar. Pequeñas escapadas – espaldas de los mayores -, nos permitían llegar a los socavones donde habían explotado las bombas y recoger los trozos de metralla, pisando el CAMPO DE AVIACIÓN, contemplando los trofeos: casquillos de balas para lucir un buen cinturón.

Desde la madriguera contábamos las bombas desprendidas de los aviones. Relucientes con el sol. Sin caer rectas sino en forma de hipérbole. Una tregua autorizada era convivir con los pilotos de aviación, mientras acomodaban sus paracaídas. Con su amistad éramos agraciados con el saludo de su brazo mientras aterrizaban.

Llamaron a mi padre al frente. En Les Borges Blanques y Juneda construían fronteras de defensa. Mi padre no estaba en casa: nueva experiencia. Mandábamos dibujos en el sobre que mi padre echaba al correo. Una noche mi padre saltó por la ventana del dormitorio. YO LE VI, ESTOY SEGURO, YO LE VI. Oculto en mis sábanas capté que se había escapado del frente para vernos. YO LE VI. No era un sueño, como decían. NO, YO LE VI. Y se grabó, para siempre el concepto de PATERNIDAD.

Soy sacerdote. Estoy al servicio de los demás. Tengo que orientar de acuerdo con mi vocación, para que el amor a Dios y al PRÓJIMO transforme la vida humana. Mi actitud, en todo momento tiene que reflejar la paternidad como vínculo de predicación. Es fácil para mí cotejarlo con la experiencia de mi padre entrando por la ventana.

En CA L´AVI convivimos con abuelos huérfanos de amor y de bienes. Ofrezco mi paternidad recibiendo a cambio la suya. Durante las veinticuatro horas estoy de guardia para acudir a la llamada de los enfermos del Hospital General de Cataluña y Asepeyo. Ofrezco los servicios religiosos mientras procuro mimarles y darle la mano en su agonía. Son los hijos débiles, los más débiles de la humanidad. Necesitan un padre. En la PARROQUIA las puertas abiertas indican nuestra apertura: queda totalmente prohibido decir que NO.

Hogar de ancianos atendido por Mons. Pere Grau en La Parroquia

Una simple convocatoria con treinta y cinco años de vida, - tantos como el número de libros que tienes en las manos -, realizó el milagro de conocer y amar tantos poetas. Ejerzo mi paternidad con tal atención. Luego al publicar el contenido de sus cartas compartimos la paternidad. Vosotros creadores, nosotros editores.

Como palomas mensajeras llegan vuestras cartas. Su contenido es gratificante y nos sentimos afortunados. Algunas de las cartas rebosan el volumen. El entusiasmo hace olvidadiza la convocatoria. No caben. La mitad se quedan sin poder entrar. Nuestras limitaciones obligaron la convocatoria. La fortuna de poder acariciar tanta producción poética queda frustrada. DESBORDADOS!

Textos originales que por su pluralidad recuerdan los colores del Arco Iris. Con el común denominador del AMOR. La paternidad aflora con la belleza incluida en la convivencia humana. Entramos por la ventana. Con silencio y respeto. Ofrecemos la voz a los que no tienen voz. Víctimas de la pobreza, del hambre, de la pérdida de la dignidad humana, con soledad e incomprensión.

No poseemos la varita mágica para soluciones inmediatas. Tenemos la fuerza del AMOR, como sal de la tierra, como luz del mundo, la intuición innata como regalo de DIOSA para ver la vida y las cosas con el cristal de la POESÏA. Debemos considerarlo como una misión. Esperan este libro en muchas partes del mundo. Lo esperan tus vecinos, tus amigos y también los indiferentes que buscan sin hallar lo que necesitan.

GRACIAS EN NOMBRE DE TODOS. Los captores de las ondas y los receptores de las ondas. Como un manantial sin caducidad podemos dar de beber hasta el último suspiro.

PER MOLTS ANYS. Mi saludo y bendición.

mossén Pere Grau i Andreu, sacerdot

Muy interesante! Para los detractores del Proyecto, los que solo piensan en una literatura de "Cuello Alto" y renombre para los participantes que en muchas ocasiones se hunden en la "fama" y miran a los demás por encima del hombro.

Nunca olvido la lección que el famoso poema del gran escritor y poeta Gabriel García Márquez, amigo de Cuba, imparte; el que a continuación reflejo:

LA MARIONETA, de Gabriel García Márquez.

Si por un instante Dios se olvidara de que soy una marioneta de trapo, y me regalara un trozo de vida, posiblemente no diría todo lo que pienso, pero en definitiva pensaría todo lo que digo.

Daría valor a las cosas no por lo que valen, sino por lo que significan.

Dormiría poco y soñaría más; enciendo que por cada minuto que cerramos los ojos, perdemos sesenta segundos de luz.

Andaría cuando los demás se detienen, despertaría cuando los demás duermen, escucharía mientras los demás hablan, y cómo disfrutaría de un buen helado de chocolate...

Si Dios me obsequiara un trozo de vida, vestiría sencillo y me tiraría de bruces al sol, dejando al descubierto no solamente mi cuerpo, sino mi alma.

Dios mío, si yo tuviera un corazón escribiría mi odio sobre el hielo, y esperaría a que saliera el sol.

Pintaría con un sueño de Van Gogh sobre las estrellas un poema de Benedetti; y una canción de Serrat sería la serenata que le ofrecería a la luna. Regaría con mis lágrimas las rosas, para sentir el dolor de sus espinas y el encarnado beso de sus pétalos.

Dios mío, si yo tuviera un trozo de vida... No dejaría pasar un solo día sin decirle a la gente que quiero, que la quiero. Convencería a cada mujer y hombre de que son mis favoritos y viviría enamorado del amor.

A los hombres les probaría cuan equivocados están al pensar que dejan de enamorarse cuando envejecen, sin saber que envejecen cuando dejan de enamorarse.

A los niños les daría alas, pero dejaría que aprendiesen a volar solos.

A los viejos, a mis viejos, les enseñaría que la muerte no llega con la vejez sino con el olvido.

Tantas cosas he aprendido de ustedes, los hombres...

He aprendido que todo el mundo quiere vivir en la cima de la montaña, sin saber que la verdadera felicidad está en la forma de subir.

He aprendido que cuando un recién nacido aprieta con su pequeño puño por vez primera el dedo de su madre, lo tiene atrapado para siempre.

He aprendido que un hombre únicamente tiene derecho de mirar a otro hombre hacia abajo cuando ha de ayudarlo a levantarse.

Son tantas cosas las que he podido aprender de ustedes, los hombres, pero finalmente no me servirán de mucho porque cuando me guarden dentro de esta maleta con las demás marionetas, estaré muriendo...

Qué meritorio y altruista puede verse en la presentación que hace Monseñor al inicio del libro y echa por tierra toda intención de crítica destructiva?

El escrito **HOLA!** del Padre Pere Grau, que antecede la publicación de poesías enviadas a Nostre Club; analizándola, nos habla en un lenguaje ameno y claro sobre el sentir del Proyecto y de su fundador. Monseñor resalta: **1)** "tantos como el número de libros que tienes en las manos (35) -, **realizó el milagro de conocer y amar tantos poetas.** Ejerzo mi paternidad con tal atención. **2)** Como palomas mensajeras llegan vuestras cartas. Su contenido es gratificante y nos sentimos afortunados. **3)** Textos originales que por su pluralidad recuerdan los colores del Arco Iris. Con el común denominador del AMOR. **4)** La paternidad aflora con la belleza incluida en la convivencia humana. Entramos por la ventana. Con silencio y respeto. **5)** Ofrecemos la voz a los que no tienen voz. Víctimas de la pobreza, del hambre, de la pérdida de la dignidad humana, con soledad e incomprensión.

Nuestro Apóstol de Cuba, **José Julián Martí Pérez,** dijo:

"Criticar no es morder, es señalar con noble intento el lunar que envanece la obra bella"

Alguien puede señalar algún indicio de envanecimiento en la bella obra que fuera Nostre Club, que amó tanto y fue tan amada por muchos? La respuesta nos la da las mismas cartas de cientos de personas escritas y dirigidas a Pere Grau durante treinta y ocho años de existencia, esos que en su mayoría hemos llamado con elogio y amor "poetas populares" y, que merecen nuestro total respeto y un trato con mesurada ética.

La crítica verdadera, única, que podría hacerse, ya lo hemos dicho anteriormente, es la que corresponde a una técnica literaria esmerada no realizada en varios casos y, en algunas ocasiones los problemas de impresión con errores; pero comparado con el logro del objetivo para lo cual fue creado Nostre Club, con el esfuerzo de un hombre con un corazón que no cabía en su caja torácica por estar henchido de tanto amor y, de un colectivo que lo siguió en todo momento, personas que se despojaron de lo suyo para domarlo y que el Proyecto continuara, etc., carece de validez y, pienso que llevándola a cualquier auditorio con interés vanidoso y deformador, daría vergüenza a quien lo haga y a quienes le sigan en su fin.

Por qué la mayor cantidad de participantes en el Proyecto Cultural de Nostre Club fueron cubanos?

Es interesante! Me sorprendió este dato; lo compartí con algunos y, coincidimos en que ello se debió a: 1) este tipo de poeta popular nunca dentro de su terruño ha tenido la oportunidad loable que únicamente Monseñor Pere Grau le facilitó, escribir para el mundo organizadamente y expresar sus sentimientos. 2) Algunos profesan la doctrina católica y han viajado a seminarios producidos por la Iglesia, lo cual, les dio la posibilidad de conocer sobre el Proyecto. 3) Otros, cubanos, han estudiado en el rectorado de Barcelona, donde precisamente radica La Parroquia. Les Planes. Nuestra Sra. de La Salud, donde el sacerdote Pere Grau, durante 38 años desarrolló el referido Proyecto Cultural. 4) Los propios cubanos, ávidos de ver su obra impresa y publicada, se trasmitían la noticia y se invitaban. En número de publicaciones le siguió a Cuba, Argentina en segundo lugar y, Chile en tercero; el resto corresponde a numerosos países del mundo.

Tuve conocimiento de que aquí en la ciudad de Holguín, funcionó un Club de participantes en el Proyecto Cultural Nostre Club, los cuales, desarrollaban sus tertulias basadas en sus obras publicadas.

Es meritorio destacar la empatía, el grado de espiritualidad que desarrolló el Proyecto, sin previo acuerdo de los participantes, sin convocar un tema determinado; de manera sorprendente cada edición fue canto a la vida, a los sentimientos más profundos que generalmente "no se tocan" y, Nostre Club tuvo el gran éxito de enaltecer al cantor de pueblo, juntar en un mismo fin diversas idiosincrasias, desnudarse para el mundo en la pureza y la sensibilidad que todos llevamos dentro.

Partiendo de la labor realizada tomada como ejemplo de Nostre Club, se manifestaron varios Proyectos que reflejaron su obra en distintos lugares, algunos, aunque sin tomar su nombre, estimo no era necesario, emprendieron la tarea y tuvieron siempre presente su ejemplo.

Nostre Club abrió puertas y ventanas sin exclusión alguna; cartas de distintos lugares fueron dirigidas al Proyecto Cultural. Expongo algunas (refiere Lorenzo Suárez Crespo en su misiva):

Pinar del Río, 3 de enero del 2012

Estimado Sr. Pere Grau i Andreu

En el comienzo de un nuevo año volvemos la vista al pasado con la valoración crítica de circunstancias y experiencias para enrumbar nuestro pasos con más firmeza y optimismo en un mundo muy desigual que cada día requiere más del cuidado del medio ambiente y de la solidaridad humana, pero sobre todo de la comprensión, la tolerancia y la inclusión.

Ustedes constituyen una avanzada humanitaria en el arte y la literatura pero aderezados con la espiritualidad para dar al mundo en la Antología Cuadernos de Poesías una panorámica creadora de los poetas hispanoamericanos.

En ella una vez más aparecen nuestros poetas con sus obras.

Quiero en mi nombre y el de todos ellos reiterarles el testimonio de nuestro agradecimiento y desearles que este año les siga favoreciendo tan fructífera y hermosa empresa.

Pinar del Río, sus poetas y la Casa de la Décima estamos muy gratificados en este sentido.

Así lo hemos dado a conocer en cuanto recibimos la antología y de hecho la hemos puesto a disposición de la comunidad donde está emplazado nuestro Parnaso.

Reciban nuestro sincero agradecimiento

Feliz 2012 para usted, su familia y su colectivo de trabajo.

Promotor Cultural
Casa de la Décima Celestino García
Pinar del Río

(Tomado del Cuaderno de Nostre Club No. 35 – Año 2012)

2012, Holguín, CUBA.
Enero

Moseen Pere Grau.

Mucha salud para NOSTRE CLUB y todos ustedes.
Tenga mucha vida para bien de todos.

Inmensa alegría me produjo recibir la edición del número 34 de NOSTRE CLUB, correspondiente al año 2011, para mí que desde el 2001 hasta la fecha vengo publicando en ella, me emociona como el primer día, ver cinco de mis nuevas poesías publicadas a partir de la página 465.

Yo que además de periodista me desempeño como Locutor y actor en la emisora provincial de la Radio en Holguín, en un acto de homenaje a los locutores cubanos que celebramos el 1 de diciembre, hablé sobre esta revista y le hice entrega de uno de mis ejemplares a un excelente LOCUTOR Holguinero, artista emérito de la radio cubana para que lo utilice en un programa especial de música y Poesía que se llama MELODÍAS, muy popular en esta zona del Oriente cubano.

Saludos.

(Carta del Lic. Osvaldo Pérez Díaz)

(Tomado de igual fuente)

Lajas 12 de diciembre del 2011

(Carta de Miriam Olano Cazanova)

Mn. Pere Grau i Andreu
Sr: Santidad:-

No pensé que el 2011 me reparara tanta sorpresa, halagüeña a su vez. Me quedé abismada cuando me informaron que fuera a recoger los ejemplares que me habían enviado, que prontitud y entrega ante una obra que no tiene con que compararse, en ella estamos enlazados un buen número de amigos y amigas por sus almas y en qué lugar si no es en lo más alto de la cima están ustedes los del Club, promotores de esta genial idea. No se como agradecerles. Deseo que tengan un feliz fin de año y prosperidad y salud en el 2012.

Ya estoy comprometida a no separarme de mis versos. Una vez más, gracias. Les haré llegar algunos más.

Saludos cordiales, con el amor, por el amor y la paz.

Lajas.
Cienfuegos

(Tomado de la misma fuente)

Carta de: Ezequiel Morales Montesino
Escritor y crítico deportivo.
(Pinar del Río, 1976)

Estimado Señor Mossen Peré.

Con muchísima gratitud hemos recibido la nueva edición de Cuadern de Poesía que en esta, pues van los textos de varios escritores pinareños, especialmente jóvenes. Todos a la vez muestran su alegría de ver su poema publicado en esta Antología que es muy reconocido por todo el universo. A su vez dedicarle esta publicación a todas aquellas personas que diariamente nos cierran las puertas o los caminos, pero existe la perseverancia de todas aquellas personas que tienen a Dios en el corazón, pero que el día a día muestra el talento de los jóvenes escritores. Le enviamos la noticia de que esta antología está presentada en la nueva edición de la Feria Internacional del Libro, Pinar del Río 2012. Gracias a la labor que usted realiza, pues veremos pronto una nueva posibilidad de un libro de poemas.

Gracias por la confianza en los jóvenes escritores.

Como diría el gran poeta Fayad Jamís:

Soy un privilegiado de este tiempo,

crecí bajo la luz violenta de esta tierra

(Copia textual de la antología)

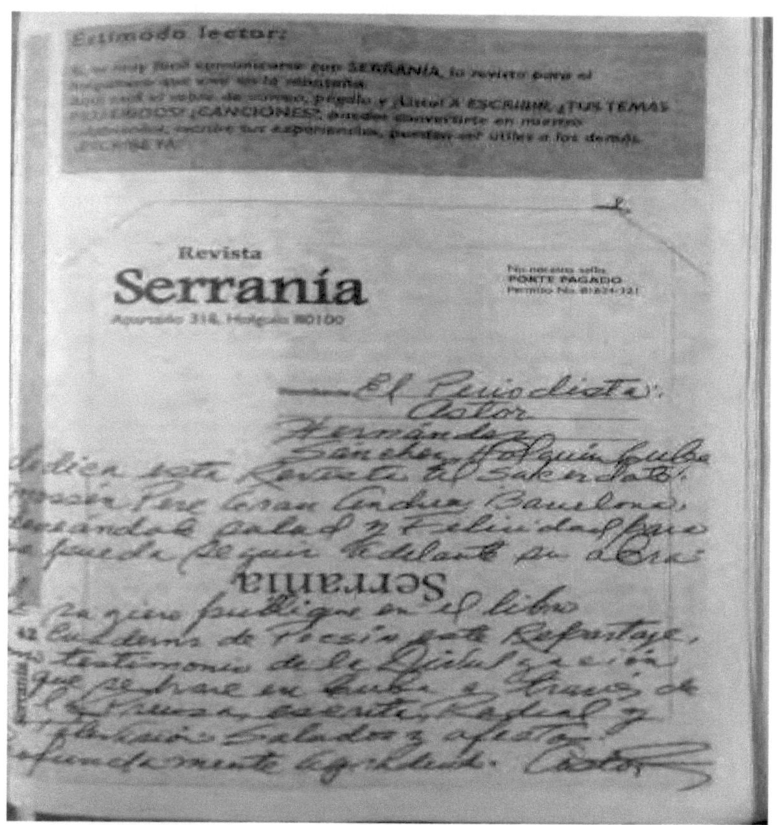

Estimado lector:

Revista

Serranía

Apartado 314, Holguín 80100

PORTE PAGADO

El Periodista:
Astor
Hernández
Sánchez, Holguín Cuba
dedica esta Revista al Sacerdote:
Mossén Pere Grau Andreu Barcelona,
deseándole salud y Felicidad para
que pueda seguir adelante su obra
Serranía
que quiero publique en el libro
Cuadernos de Poesía este Reportaje,
testimonio de la dedicación
que he hecho en Cuba a través de
la Prensa escrita, Radial y
Televisión. Saludos y afecto.
Profundamente agradecido. Astor

Dedicatoria en la revista Serranía a Mossén Pere Grau, del poeta y periodista holguinero Astor Hernández Sánchez.
Miembro del Convivio Cubano en Holguín.

Muchas son las manifestaciones que años tras años, durante treinta y ocho consecutivos, llegaron al colectivo de Nostre Club que abnegada y desinteresadamente dedicaron todo su esfuerzo, no solo en sembrar la semilla de la creación literaria espontánea y abierta, sino del amor, la paz, la armonía y, la espiritualidad. Considero que los ejemplos tomados de este número dan fe, demostrando no una apología, sino un justo reconocimiento a personas de sensibles corazones abiertos a la humanidad sedienta, necesitada. Hace unos días fui convocado por el cónsul de La Asociación Internacional de Poetas del Mundo, en Isla Negra, Chile, Alfred Asís; movimiento del cual soy miembro, a participar en la Obra titulada "Esperanza viva". Le envié el poema que comparto en este libro:

aun vive la esperanza
de ariel g…

como en un sueño

de esos que perturban

percibimos el deterioro

causado al planeta

la humanidad plagada

de miserias

materiales y espirituales

el alma separada de las almas

el mundo desmoronarse

el amor abrir sus alas y levantar

el vuelo

la vida gemir cuando a su alrededor

crecen más espinas que flores

y la sociedad triste

acuesta lleva sus dolores

tiembla la Creación!

la cosecha ha sido de malas hierbas

abiertas las ventanas

de los cielos

hay una esperanza de vida

desde su trono

Dios vuelve a extender su mano

escucha su voz!

“si buscaren mi rostro

se convirtieren de sus malos caminos

Yo oiré perdonaré sus pecados y

sanaré su tierra”

escúchenlo seres humanos!

naciones todas!

En sus ochenta años, cumplidos en el 2012, Pere Grau, versó:

El bosque

Cuarenta y cinco

de los ochenta años

los disfruto

en el bosque

de COLLCEROLA.

los árboles
y
las flores
incluyendo
todo ser vivo
marcan
el abecedario
del lenguaje
nuevo.

Cuando
el viento
remueve
por aquí
y
por allá
el bosque
gesticula
como un repique
de castañuelas
que cala
hasta el corazón.

Cuando llueve

nadie

se agita

pero…

el zumbido

deshoja

maltrechas

cambia

la melodía.

Cuando

florece el bosque

o se desprenden

de los frutos

maduros

el aire

se impregna

de perfume.

Cuando

la noche

paraliza

surge

el silencio

misterioso.

El bosque y yo

NOS

COMPRENDEMOS

Mn. Pere Grau i Andreu
Les Planes

La promoción cultural de Nostre Club alcanzó altas dimensiones y estableció lazos culturales que trascendieron a lo patriótico:

Martí

Era su nombre bandera
presente en todo lugar,
su pensamiento era lumbre,
la hombría su pedestal.

Clarín y libro enjoyaban
su impulso a la libertad.
Era Martí por sí mismo
de la Patria alto fanal.

Cuba su Patria nativa,
su espíritu la hermandad
su meta el justo equilibrio,
sentido de humanidad.

El sol cae como un sable
con luz de lo tropical,
con los ojos hacia el cielo
cruza el último portal.

Sembró su idea profunda
en tierra de la verdad
por eso su nombre queda
brillando en la eternidad.

Darío de la fuente D.
Santiago de Chile

Jesús F. Sainz León de Holguín. Cuba le escribió al Burro de Mayabe que toma cerveza, vinculando sus versos muy peculiarmente al amor de su pareja.

Hace un tiempo, en nuestras tertulias de La Institución Literaria El Convivio Cubano; así como en el Café Literario de La UNEAC (Unión Nacional de Escritores y Artistas de Cuba), hemos venido dando a conocer nuestra preocupación con la paulatina extinción de dos géneros literarios que consideramos de mucha importancia, ellos son: las Epístolas y, la Crónica Literaria; sin embargo también hemos podido apreciar como la poesía ha ido asumiendo el rol que los mismos tenían y, llegará el momento en que para investigar cuestiones que interesen de tiempos pasados, habrá que ir irremisiblemente a la poesía; aunque continuamos insistiendo en rescatar lo perdido sin justificación alguna. El pasado año en la Editora JustFiction! de Riga, Letonia, publiqué el Libro titulado **"En la soledad de la noche"**, epístolas y poemas. En los Cuadernos de Nostre Club podemos observar que, sin restricción alguna, eran publicados epístolas y poemas contentivos de diversos temas, conforme al sentimiento y circunstancias que los autores consideraban. Vimos las anteriores reflejadas, pero en el trayecto de treinta y ocho años de vida porque transitara el mencionado Proyecto Cultural, el género epistolar nunca decayó, sino que se mantuvo en todo su esplendor; me atrevo a aseverar que con tremenda importancia en la obra, desde el comienzo de cada libro con el característico HOLA! de Monseñor Pere Grau.

A continuación reflejo el contenido de una deliciosa epístola de María Elena Herold, escrita en letra mayúscula, significando la solidaridad y agradecimiento.

COMODORO RIVADAVIA

23 DE FEBRERO DEL 2012

QUERIDOS AMIGOS DE NOSTRE CLUB CAL AVI

ESTIMADOPADRE PERE GRAU I ANDREU

CON MUCHA EMOCIÓN ESTE AñO EL 23 DE DICIEMBRE RECIBÍ DOS LIBROS, NO LLEGÓ LA ESTAMPA, DOY GRACIAS A DIOS POR EL ENVÍO.

MI VIDA A RAIZ DE LA PUBLICACIÓN DE MIS POEMAS EN SUS LIBROS HA CAMBIADO YA QUE HE RECIBIDO CARTAS DE DISTINTOS LUGARES Y ME ALEGRA RECIBIRLAS ENTRE ELLAS:

SALVADOR FIDES ALAMAR DE VALENCIA ESPAÑA

MAGALÍ JOMET DE RANCHUELO CUBA

ALBERTO RAMÓN FERNÁNDEZ GÓMEZ DE HOLGUÍN CUBA

JUANA AGUILERA FUENTES DE HOLGUIN CUBA

MARIA CLARIVEL FAJARDO PADRON DE LA HABANA CUBA

GRACIAS A USTEDES MANTENGO CORRESPONDENCIA, MAIL INTERNET, LLAMADAS POR TELEFONO. TODOESTO OCASIONÓ UNA GRAN AMISTAD Y DE PARTE DE LA SRA MAGALÍ JOMET INVITACIÓN PARA VISITAR CUBA, LES CUENTO QUE ESTAMOS EN LOS PREPARATIVOS DEL VIAJE, SI DIOS QUIERE ESTÁ PLANEADO PARA EL 30 DE MARZO 2012.

CUANDOESTA CARTA LLEGUE A UDS SEGURAMENTE ESTAREMOS EN CUBA Y ALLÍ FESTEJARÉ EL DÍA 3 DE ABRIL MIS 70 AÑOS, ES UNA BENDICIÓN DE DIOS, UN REGALO HERMOSO QUE ME DA LA VIDA Y TAMBIEN SE LO DEBO A UDS POR LA GENTILEZA DE PUBLICAR MIS POEMAS.

RUEGO A DIOS LOS BENDIGA Y PUEDAN SEGUIR CON ESTA OBRA MARAVILLOSA, HERMANANDOPOETAS DE TODOEL MUNDO, DESDE YA MUCHAS GRACIAS, DESDE EL SUR DE ARGENTINA VAYA UN CALUROSOSALUDO PARA TODOS UDS.

HASTA SIEMPRE ATTE

COMODORO RIVADAVIA

ARGENTINA

Nuevamente el sentir de una epístola de Lorenzo, por su importante contenido la comento:

Fechada en Pinar del Río, Cuba
15 de diciembre del 2010

En esta carta del colega Lorenzo Suárez Crespo, publicada en el Cuaderno del 2012, dirigida como consigna al estimado Sr. Pere Grau i Andreu, es evocado un feliz fin de año, deseando sus parabienes por un 2011 más próspero y saludable. Hace alusión a las páginas del Quaderns de poesías con las alas extendidas del amor, la fraternidad y el más ferviente deseo de creación y virtud.

Lorenzo reafirma que **toda Hispanoamérica recibió la luz.**

Su escrito continúa diciendo que, en Cuba y especialmente en Pinar del Río, fueron ratificados por las huellas literarias en las que sus letras brillaron al concierto de tan amplia y cálida publicación.

Hace extensivo en nombre de todos los poetas y en el suyo propio, la gratitud y el compromiso de seguir, no obstante los dolores, miedos y pesadumbre; considera extender las alas en la conquista del cielo y tierra prometidos donde prevalezca la paz, el progreso, el amor, la comprensión y más que todo, la libertad.

Refiere un año que dice adiós, pero una luz en el horizonte anuncia el nuevo. Pulsará las cuerdas de su lira y le dirá adiós en los versos de la estrofa mágica que le envía:

AL SEÑOR PERE GRAU I ANDREU
- Mecenas de la Poesía Hispanoamericana

Hoy entro en las santidades
de usted y su colectivo,
pues de su templo recibo
el amor y sus bondades.
En honor a estas verdades
cobra mi verso el matiz
más puro y si un desliz
le invoca con su bondad
Una feliz Navidad
Y un Año Nuevo feliz!

Con gratitud y afecto

Si bien el grueso de las publicaciones del Qvaderns de Nostre Club lo constituye las Poesías, también debe reconocerse que las Epístolas, como señalé anteriormente, género en desuso, ocuparon un lugar significativo, seguidas de algunas composiciones musicales reflejadas en el espacio "Arca de Noé", breves reportajes y, fotografías.

EL LENGUAJE DE LA FOTOGRAFÍA

Esta última representación que aparece en el Cuaderno, mencionada en el párrafo anterior, independientemente de la lucidez que le da a la obra editada saca a la luz un amplio mensaje en sus imágenes. Bellas fotografías con la calidad requerida y a todo color en papel cromo, ocupan un lugar preponderante en los finales del libro, que, no por encontrarse en ese espacio, le resta la importancia que poseen.

En las fotografías tomadas en cada evento celebrado en Les Planes podemos observar: varas de niños, jóvenes y de adultos satisfechos, resplandecientes por el gozo que les proporciona cada actividad realizada. Servicios religiosos propios de la Parroquia dentro del templo, en sus áreas de jardines y, fuera del perímetro del mismo como es el caso de las Procesiones dedicadas a Jesús y, a La Virgen Nuestra Sra. de La Salud. Hay manifestaciones de Bandas Musicales o Coros Litúrgicos que se ocupan de la alabanza. Representación en tiempo de Navidad de las actividades de los famosos Reyes Magos, donde los niños se divierten, pero también incorporan a su horizonte intelectual una grata y valerosa enseñanza que, alegóricamente se les hace llegar.
No todo es solemnidad; existen fotos donde el lente de la cámara tomó la imagen de Mons. Pere Grau oficiando un servicio religioso, pero también celebraciones ante un delicioso cake. Caras rebosantes de alegría; disfraces, bailes. Actividades con los ancianos del Hogar que también atiende La Parroquia, mas, no puede faltar la devoción de Monseñor por los niños, la

música, las flores y demás sembrados del jardín o el huerto, la atención y cariño a los animales. No podía faltar la atención esmerada y directa de Pere Grau en la Catequesis a niños y jóvenes de la Parroquia.

Es una realidad que Mons. Pere Grau ha sido el centro activo y proporcionador de todas las actividades en la Parroquia de Les Planes; así como fue el eje central del Proyecto Cultural de Nostre Club.

NOS EVOCA EL QVADERNS DE POESÍA DEL AÑO 2013

Cuando continué el edificante viaje por los libros escogidos del Proyecto Cultural de Nostre Club, correspondiente al año 2013, podemos observar la incorporación de nuevos autores que han escrito al Padre Pere Grau, solicitando la inclusión de sus creaciones en el Cuaderno y, que generosamente se ha tratado dentro de lo posible complacer.

Observé la voluminosa participación de cubanos; así como la esmerada atención a cada uno, sin distinción de algún tipo.

Como es su costumbre el Padre Pere Grau inicia el libro publicado con su ya característica **HOLA!** En la cual vierte su exquisito talento, diciéndonos:

Pedí a la maestra ANA y al Maestro TONI, ambos monitores del huerto de la escuela, que dejaran una escarola para su floración. Las flores azules facilitan las vivencias de mi infancia. Los juegos preferidos con mis amigos –

vecinos repetían con frecuencia motivos religiosos. El montar pequeños altares al ritmo de la PARROQUIA según las festividades.

Eran épocas de crisis, más acentuada que la actual. No pasaba por nuestra cabeza el pedir dinero a nuestra familia con el fin de obtener flores para el MES DE MARÍA. Aprendimos a valorar las flores silvestres y cercanas. Como también las de los huertos familiares en cuanto nos permitían cortarlas. Resultaba fácil el montar ramos con la flor de las coles, blancas unas veces, amarillas otras. Como las flores del alfalfa combinadas con las rojas amapolas. Con precauciones nos apropiamos de las flores de las escarolas y lechugas, una azules y amarillas las otras, sin perjudicar las semillas que guardaban nuestros abuelos.

Al pedir a los maestros la floración de las ensaladas quería revivir aquellos tiempos. Revalorando a la vez la riqueza poética que el equipo ha depositado en mis manos. Podrá compararse la poesía a un manojo de frutos de la tierra? Será raro o tal vez ofensivo?

Ofrezco una nueva perspectiva. Cada verdura o fruto tiene una flor y un color oculto en el plato. Podemos descubrirla buscando el recurso artístico como es propio por naturaleza, en los espíritus sensibles al arte.

Consideremos estos primeros cuatro párrafos de su escrito introductorio, cual acceso directo a la naturaleza, a la vida, una excelsa motivación que vincula la existencia con la poesía, con la sensibilidad de quienes abrigan el arte.

Obramos como poetas. Con pocas pretensiones. Con naturalidad. Las veinticuatro horas del día. Con nuestra existencia, en definitiva. Ya que todo, TODO, lo que está en nuestra manos en la vida cotidiana contiene la CHISPA DE LA POESÍA oculta en el lugar menos esperado.

Escribirlo, sacarlo a flote de nuestro interior, como necesario proyecto de nuestra generosidad, convierte a nuestra pluma en canal transmisor del oro más valorado del mundo.

No te canses de buscar, como un cazador vigilante o un pescador paciente sentado a las orillas del río o del mar sin mirar el reloj. Al comer una almendra hallarás una flor blanca y delicada. Al comer un melocotón gozarás de su color de fruta como el color de las flores en su origen. Frente al plato variado de ensaladas te impactarán sus colores como el del arco – iris.

Ocurre en la convivencia humana: SONRISAS Y LÁGRIMAS, JUSTICIAS E INJUSTICIAS. SOLEDADES Y ENCUENTROS AMOROSOS. EL AMOR DE UN DIOS QUE SEÑALA EL AMOR A LOS HERMANOS COMOSUYO PROPIO. EL CORAJE DEL MISTERIO...

A partir del quinto párrafo Monseñor hace una viva referencia a la obra poética, a los que crean de tal manera con la facilidad de asirse al numen, todo el tiempo, sabiendo que todo lo que nos circunda está unido a la poesía.

Tenemos aquí el fruto de la investigación. Preparados para viajar por el mundo entero. GRACIAS, AMIGO, TE VALORAMOS. Debes sentirte afortunado por ser como eres. El cristal con el que miras es delicado y no puede romperse. No cierres ni ventanas ni puertas. Deja que la LUZ inunde tu ser alumbrando, a la vez, a quien te rodea.

En este último párrafo abre las puertas a la investigación poética en un viaje cosmopolita; a la fortuna espiritual de ser poeta, lo cual, convoca a mantener las ventanas y puertas de la imaginación abiertas al conocimiento de las cosas, llevando la luz al medio que circunda.

GRACIAS. Me alegro de haberte conocido. Le doy GRACIAS A DIOS como el mejor de los regalos.

NO PARES, POR FAVOR!

Mossén Pere Grau i Andreu, sacerdot

Una pregunta vital:

Conocía Monseñor Pere Grau la diversidad de criterios que los detractores de su obra vertían en distintos escenarios?

Quizás sí, pero después de leer detenidamente su escrito de introducción y digerirlo con el corazón abierto, pienso que él, como también lo hubiera pensado yo en su posición, en momento alguno le hizo mella y, sin retroceso, ni reparos, continuó el Proyecto durante treinta y ocho años, hasta que partió al infinito.

Puede valorarse dicho escrito como una de las más edificantes Epístolas que hombre alguno haya escrito. Acude a mi memoria las escritas por nuestro Apóstol de Cuba, **José Julián Martí Pérez,** quien aun siendo vituperado por personas plagadas de egoísmo e hipocresía, los trató ética y cortésmente, sin que ninguna de sus palabras o hechos le causaran algún efecto negativo.

Quien haya leído el libro titulado "Cartas a un poeta joven" de Rainer María Rilke, jamás le cabrá la duda sobre el actuar de Monseñor Pere Grau i Andreu. Son a mi entender obras de extrema grandeza para quienes han visto salir de entre cardos y ortigas, las bellas flores que solo nacen de un corazón rebosante de amor. Muchas veces el mundo en que nos desenvolvemos mira las cosas, y las admira, por el fruto material que puede darle; mas, existe un fruto espiritual, mucho más fuerte, conmovedor y virtuoso que ese. Ese es el que tuvo a mano el Padre Pere Grau, entregando todo de sí, para que los demás se realizaran y también dejaran brotar el manantial de amor y verdad que cada ser humano lleva dentro, cual llama que no se extingue y, solo hay que avivarla para que brote.

Precisamente en agosto del año 2016, tomando en consideración las incomprensiones y demás situaciones que se presentan en la vida de los que amamos la literatura y, dedicamos si no el corazón a ella, una buena parte del mismo y, tanto la poesía, como la narrativa nos convoca.
El siguiente escrito que presenté en La Asociación Internacional de Poetas del Mundo. Isla Negra. Chile, el cual, de inmediato formó parte de mi expediente en dicha Institución Literaria; tengo a bien plasmarlo aquí:

VALOR DE LA LITERATURA, CUÀNTO PAGAN?

Por qué mi inclinación a la literatura. Qué valor tuvo?

Bueno, creo que la elección de mi profesión – Licenciado en Derecho -, en muchos lugares, incluyendo en los tribunales, se denominan estos profesionales como letrados, aunque no precisamente estos estudios me llevaron a desarrollar la literatura, sino mi inclinación hacia ella fue quien me llevó a estudiar esa carrera. En los estudios colaterales realizados, sobre todo cuando recibo las convocatorias a participar en las obras que se editan en la Asociación Internacional de Poetas del Mundo en Isla Negra, Chile, de las cuales soy asiduo participante, pues, además soy miembro del Movimiento de Poetas del Mundo - condición que agradezco grandemente - me veo obligado a estudiar sobre los temas elegidos que fundamentalmente son sobre grandes personalidades de la historia y las sociedades, en los que he observado; así como en las lecturas independientes realizadas, muchos de ellos son graduados en derecho, quiero con esto resaltar que quizá por el hecho de que el programa de estudios de esta profesión presenta bastante afinidad con la determinación de dedicarse a la creación literaria, sea así, cosa que me satisface grandemente, independientemente del don que nace en el interior de cada persona con esta inclinación. Tal es, que en la actualidad estudio la vida de ese grande de la historia, Jorge Luís Borges, quien se proyectó universalmente, cuya procedencia contó con la influencia de su padre, el que fue un abogado dedicado a impartir clases sobre psicología e inglés, y un lector con aspiraciones literarias que materializó en su novela "El caudillo", no obstante ya su hijo Jorge Luís a la edad temprana de seis años había manifestado su inclinación hacia la literatura. Así también he conocido de otros grandes de la literatura graduados de la carrera de derecho, tal es el caso de nuestro José Martí – abogado y periodista -. Con esto en ningún momento quiero significar que otros profesionales graduados en diversas materias no hayan tenido la misma inclinación, e incluso llegado a la cima de la montaña, los hay y muchos – ingenieros, pedagogos, médicos, etc. -, lo expuesto más bien ha sido para demostrarme a mí mismo la ruta de mi inclinación a la literatura, aunque debo con toda honestidad señalar que entre los ocho y nueve años de edad tuve la idea de escribir, y comencé haciéndolo con poemas cortos, de corte religioso, para la iglesia; recuerdo que muchas veces en medio de una clase cuando cursaba el quinto grado, sin que el maestro pudiera detectarme escribía algo. No es que fuera un alumno indisciplinado, sino que sentía la imperiosa necesidad de hacerlo, nunca pensé en publicaciones, ni otra aspiración al respecto, solo en satisfacer una necesidad espiritual que me había sido depositada y brotó espontáneamente, sí, tuve el reconocimiento de todas aquellas buenas personas que escuchaban lo escrito en la voz del pastor de la iglesia, pues, yo no me atrevía a hacerlo. Así durante años me mantuve escribiendo poemas y narraciones, para mi consumo y el de mi familia, la mayoría de las veces sin la técnica requerida cuando procediera, no la conocía – era algo natural – pero satisfacía mi necesidad, si no lo hacía ardía en llamas.

Se manifestaron contratiempos

Los contratiempos nunca faltan; aún joven – veintiún años de edad – contraje matrimonio, seguidamente vino la primera hija, tenía que atender el hogar, mi trabajo siempre fue de dirección, luego vino el segundo hijo; el trabajo continuó complicándose, pues, fui ascendido a cargos mayores y bastante operativos. No había pasado mucho tiempo cuando en horario nocturno y en varias ocasiones los domingos en la mañana estudiaba en la escuela de técnico medio de derecho, posteriormente en la universidad, todo ello me limitó en el desarrollo de la actividad literaria, no obstante la llama de fuego continuaba encendida en mi interior y me dediqué a participar en los concursos literarios convocados por la iglesia de Los Amigos (Cuáqueros) en los géneros de poesía y narrativa, en la etapa del 2004 hasta el 2012, obteniendo tres primeros lugares y dos menciones, luego en el 2014 obtuve el gran premio en poesía, todas de corte religioso. En el año 2013 se produce un acontecimiento muy difícil, muere mi esposa de una enfermedad súbita, lo cual a pesar de ser un duro golpe inesperado se revertió en una puerta a la literatura como ella deseaba.

Una etapa de beneficio

En el año 2004 me convocan a estudiar Biblia y Teología en un curso impartido por el Seminario Evangélico de Matanzas (SET), con una duración de tres años, lo cual acepto sin pensarlo mucho, ello constituyó un caudal de conocimientos en cuanto a la obra cristiana, y en lo relacionado con una obra literaria clásica considerada de las mayores en el mundo secular, graduándome en el año 2007 de dichos estudios.

Un duro golpe

Como manifesté anteriormente la muerte de mi esposa constituyó un duro golpe inesperado; en febrero del año 2013 parte al infinito, y a los ocho días de haberla sepultado brotó en mi conciencia un poema a su memoria: "Muñequita de porcelana", el cual escribí inmediatamente. Había prometido delante de su sepultura dedicarle un poemario y publicarlo, demasiado atrevido de mi parte conociendo las grandes limitaciones que tienen los escritores y poetas en mi terruño; ya había escrito varios poemas que presenté a Nostre Club en Barcelona, España, y fueron publicados en el volumen que se editó en el 2013 inicialmente; mas, precisamente en el Cuaderno de Nostre Club conocí de la Academia Internacional de Poesía, Arte y Cultura "El Convivio" en Italia, la que edita la revista del mismo nombre y culminado el poemario que también titulé iden al poema "Muñequita de porcelana", escribí a dicha Academia presentándolo, sólo me pudieron publicar uno de los poemas contenido en el mismo, pero quedó establecida una relación entre la mencionada institución y yo, lo cual, al poco tiempo produjo la constitución de un grupo de poetas, el que devino en la formación del Club de La Poesía "El Convivio", Cuba – Italia en Holguín, el cual, procedo a fundar en acuerdo de colaboración e intercambio cultural con el presidente de la Academia en Italia, y ocupo su presidencia, a partir del año 2014, publicándose nuestras poesías en la revista El Convivio. También continué escribiendo en el Cuaderno de Poesías de Nostre Club. Como si hubiera sido su voluntad, pues, mi fallecida esposa era muy amante de la poesía, a partir de su poemario se abrieron las puertas en Italia, España, y Chile. En febrero del 2016 recibí una convocatoria de Italia al concurso "Antonio Filoteo Omodei" y es cuando me presento con el poemario "Muñequita de porcelana", obteniendo el Primo Premio Assoluto.

Continuó ensanchándose la senda literaria

En el año 2015 conocí a través de una amiga la estupenda obra desarrollada por el poeta Alfred Asís en Isla Negra, Chile, bajo el manto de la Asociación de Poetas del Mundo, la cual dirige, conectándome con él y comenzando a trabajar en las convocatorias libradas teniendo hasta la fecha más de cincuenta creaciones en ocho libros publicadas; así como en mayo del 2016 obtengo la condición de miembro del Movimiento de Poetas del Mundo con sede en Santiago de Chile.

El Club de La Poesía "El Convivio" Cubano, continúa desarrollándose habiendo obtenido en el año 2015 cuatro premios internacional en poesía, y uno en narrativa, y en el 2016 – primer trimestre – tres premios internacional en poesía y uno en narrativa, independiente de los premios locales que sus poetas hemos merecido.

Personalmente obtuve en el 2015 el Premio Especial "Gaetano Alibrandi" en selección de poesías, y en el 2016 el Primo Premio Assoluto en selección de poesías ya mencionado anteriormente, ambos otorgados por la Academia Internacional "El Convivio" en Italia.

Es correcto hacer mención de mi participación en el "Café literario" efectuado semanalmente en la sede de la UNEAC (Unión de Escritores y Artistas de Cuba) de la provincia, dirigido por el escritor, poeta y ensayista Manuel García Verdecia, su vicepresidente primero, el cual constituye un caudal de conocimientos de tremenda importancia para los amantes de la literatura y la vida.

Por qué este desarrollo del tópico titulado VALOR DE LA LITERATURA, CUÀNTO PAGAN?

Muy simple, pero con tremenda profundidad. Es común que muchas personas cuando conversan con uno y sale a colación nuestra participación en la creación de obras literarias, lo primero que se les ocurre preguntar es:

cuánto te pagan? Realmente esa pregunta, y ese modo de ver lo relacionado con la literatura me molesta bastante, nadie pregunta a un feligrés cuánto le pagan por participar en la iglesia y consagrarse a la obra, por qué no se entiende el estado espiritual de un escritor. Me molesta como dije, primero porque quienes obtenemos ese don lo hacemos por amor a la humanidad, para que por medio del estudio y la reflexión crítica sobre lo que nos circunda, y con nuestras ideas, influir en el mejoramiento humano alcanzando determinado estado de autoridad ante la opinión pública; segundo: porque eso que tanto amamos no proporciona dinero, sino desarrollo de la espiritualidad convirtiéndonos en mejores personas cada día, nos dota de un grado de implicación o compromiso con la realidad de la época.

Me he identificado con el pensamiento que Alfred Asís, cónsul de la Asociación Internacional de Poetas del Mundo en Isla Negra, que siempre consigna en las convocatorias que nos hace llegar para que creemos nuestras obras, cito: "Solamente los grandes de espíritu, sienten, ven y hacen las cosas desde el corazón y no, por obligación. La hermandad es una palabra que se transforma en unión desde el alma".

Por último, considero que lo más significativamente oprobioso que pueda pasarle a una persona amante de la literatura, es dejarse manipular por otros que no han sido capaces de comprender el grado de compromiso social que el creador posee, ni tampoco tienen el interés de conocerlo.

"Ante mí se abre el horizonte ofreciéndome disímiles caminos"

Valiosa observación sobre los participantes en Nostre Club:

Señalé al comienzo, esta obra, esencialmente como la obra de "los poetas populares", esos huérfanos que encontraron paternidad y cobija al amparo de Nostre Club, pero deteniéndonos en cada libro de los poseemos podemos apreciar que a la misma también acudieron poetas, escritores, compositores musical, fotógrafos, promotores cultural, profesionales, que de conjunto con los de pueblo engalanaron la Antología, entre ellos hemos podido observar participación de: el escritor y poeta Idilio Leyva Proenza, quien además es secretario ejecutivo de La Institución Literaria El Convivio Cubano en colaboración con La Academia Internacional El Convivio de Poesía, Arte y Cultura de Italia; así como "presidente de honor" de La Filial Provincial de La Sociedad Cultural José Martí en Holguín, Institución que hubo de condecorarle con la distinción **"Honrar, honra"**, con premios nacionales e internacionales. El también escritor y poeta Moisés Mayán, con varias participaciones, premio nacionales e internacionales; compositores musical: Astor Hernández Sánchez (también periodista y poeta); José Orlando del Río Aguilera, poeta y compositor musical, galardonado con el Primo Premio Assoluto en poesía en El Convivio italiano; Fidel Fidalgo Moncada, poeta y escritor, y promotor cultural; todos de la provincia cubana de Holguín; Osvaldo Pérez Díaz, periodista, locutor, escritor y poeta, Premio Especial Carlo Collodi otorgado por El Convivio Internacional en Italia; Flor Teresa Rodríguez Peña, vicepresidenta de La Institución Literaria El Convivio Cubano, premiada en poesía y narrativa en La Asociación Cajamarca, Identidad y Cultura de Perú y, El Convivio Internacional de Italia; el profesor académico Rafael M. Altamirano – Ninalquín, de Villa Dolores (Cba.), Capital de la Poesía, Argentina. Por señalar algunos conocidos o consignados en el Cuaderno. Y finalmente el autor, Ariel G. Batista Osorio, escritor y poeta, premiado con el Primo Premio Assoluto en Selección de Poesía en El Convivio Internacional de Italia; Cajamarca, Identidad y Cultura de Perú, Asociación Internacional de Poetas del Mundo, Isla Negra, Chile, entre otros.

Ello nos da a conocer que el Qvaderns de Poesía de Nostre Club – Les Planes – de Barcelona España, fue realmente una obra mixta en cuanto a su composición, pero esencialmente repleta de amor y esperanza para la humanidad.

LA INSTITUCIÓN LITERARIA EL CONVIVIO CUBANO DE HOLGUÍN

Cuál es su origen? Su relación con Nostre Club.

Precisamente en el Cuaderno No. 36 de Nostre Club del año 2013, el profesor Rafael M. Altamirano – Ninalquín, hubo de publicar un artículo, bastante humilde, titulado **Presencias afines.** En dicho escrito hace una encomiable referencia a la Revista El Convivio No. 50, de la cual realza merecidamente su contenido en cuatro idiomas: italiano, portugués, francés y español; así como sus publicaciones, cual órgano oficial de La Academia. Su presidente Ángelo Manitta y su director Enza Conti.

IL CONVIVO Internacional

Poesía Arte e Cultura dell"Accademia Internazionale „Il Convivio"

Via Pietramarina-Verzella 66 - 95012 Castiglione di Sicilia (CT) – Italia

Sobre el Qvaderns de Poesía (2012), el distinguido académico de igual manera describe su contenido; así como en el referido Cuaderno la edición sobrepasa las quinientas páginas, en los idiomas catalán, castellano y también en francés u otro idioma, el cual es difundido anualmente para el mundo. Señala que en él pueden encontrarse, como en pocos medios, letristas y aficionados al bello decir para dar a conocer sus trabajos; aportando cada uno lo que sabe y puede.

Resalta, como bien merecido lo tuvo, a Monseñor Pere Grau i Andreu, poeta, párroco solidario de Nuestra Señora de La Salud, de Les Planes, Barcelona, España, que mantiene un Hogar de ancianos con 200 camas, sin recursos, y sus colaboradores son jóvenes voluntarios y otras personas en honor a la caridad cristiana "porque es dando como se recibe". Señala a Pere Grau, como el Sr. Cura, de mucha diligencia y tino en bien de tantos hermanos en el canto y la vida.

Realmente las palabras del Sr. Altamirano, resonaron en mi bóveda craneana como címbalo que retiñe, me agradaron tanto, y además, me dio la pista para iniciar también un Proyecto Cultural comunitario. De esa manera fui dando los pasos para su constitución.

EL CONVIVIO CUBANO

- Qué es El Convivio Cubano?

- Dónde radica?

- Su funcionamiento.

- Su influencia en el mejoramiento humano.

Fue hace un buen tiempo; encontrándome matriculado como alumno de quinto grado en La Academia "Luciano Domech" del Central Delicias, Municipio de Puerto Padre, hoy perteneciente a La Provincia cubana de Las Tunas, me satisfizo siempre escribir, fundamentalmente versos y cuentos para trabajos de la Escuela y La iglesia de los Amigos (Cuáqueros) que en ese tiempo – década de los 50 – funcionaba en mi casa por ser mis padres miembros de la misma y no existir un local para ella. Esa semilla de la creatividad literaria germinó lentamente, pues, dedicado a disímiles actividades y tareas de dirección en el orden laboral el tiempo asignado a la misma era pobre, no obstante, no se perdió, sino de alguna manera dio frutos. Hoy cuento con el apoyo de varias instituciones internacional, un grupo de poetas y escritores insertados en la edificante labor de crear para la humanidad, sin otro interés que el de contribuir al mejoramiento humano; el Sr. Idilio Leyva Proenza, secretario ejecutivo, y de Flor Teresa Rodríguez Peña, vicepresidenta, del Club de La Poesía "El Convivio". Cuba – Italia, especialmente, en la ciudad de Holguín. Hemos logrado dedicar todo nuestro empeño en provocar un movimiento poético – literario que ya ha dejado impresa una huella para bien de todos.

Tal ha sido la promoción del mismo que hoy exhibimos el otrora Club convertido en Institución Literaria El Convivio Cubano, ampliándose la participación de sus miembros y visitantes invitados.

Ariel G.

EL CONVIVIO CUBANO

- Antecedentes

Encontrándome ubicado como Jefe de Los Recursos Humanos de La Salud en el Municipio Holguín, en la Provincia del mismo nombre, Cuba; año 2007 contaba con la presencia de Martha, quien me asistía como secretaria y compartíamos nuestra devoción por la poesía. De esta forma Marthica me incentivó de tal manera que ese tiempo fue bastante próspero al respecto, ambos intercambiábamos los poemas que escribíamos.

De igual manera en julio de ese mismo año culminé los estudios que cursaba sobre Biblia y Teología impartido por el Seminario Evangélico de Matanzas. Cuba, el cual me sirvió de mucho como edificación personal, cristiana, y nutriente literario.

- Surgieron obstáculos

En ese mismo año 2007 fui promovido a dirigir los Recursos Humanos del Sistema Provincial de Salud de Holguín, actividad que me consumía bastante tiempo y apenas podía dedicarle unas horas a crear, aunque algunas veces intercambiaba con Marthica, que le gustaba mucho escribir y leer lo que yo componía.

- Una tregua

A fines del año 2010, específicamente en el mes de diciembre fui operado de una catarata bilateral que requirió un tiempo de reposo prolongado; al principio me era muy difícil escribir sin cristales graduados, pues, por padecer de astigmatismo los requería, independientemente del éxito de la intervención quirúrgica practicada, pero poco a poco fui acostumbrándome hasta que el médico ordenó graduarme cristales. Pude pasar ese tiempo dedicado mayormente a escribir. Escribí poemas, aventuras y algunos cuentos, ello dio al traste con la inercia literaria, y con bastante dificultad por falta de tiempo; fue a partir del mes de junio que volví a echar a andar sin parar en el carruaje de la creación escrita.

- Un percance

En el mes de febrero del 2013 mi esposa Migdalia, enferma y muere; ante su losa me comprometí a dedicarle un poemario a su memoria. Fue a los ocho días de su partida que brotó en mi mente el poema titulado "Muñequita de porcelana" y ese mismo título es el dado a la antología escrita; Marthica tuvo la delicadeza de teclearlos e imprimirlos, y posteriormente lo envié por e-mail a distintas amistades, pero quería publicarlos, pues, así había hecho el compromiso frente a la sepultura de ella, cosa extremadamente difícil en nuestro entorno.

Un día, al haber recibido el Cuaderno de Poesías de Nostre Club en Barcelona, España, correspondiente al año 2013, para el cual también escribía poemas, observo un comentario en su página 312 sobre La Academia Internacional "El Convivio" de Poesía, Arte, y Cultura, en Verzella Catania. Castiglione di Sicilia. Italia, precisamente sobre la publicación trimestral en poesías de determinadas personas – entre ellos cubanos – sin fines lucrativos, sino más bien para una satisfacción espiritual, que es lo que prima en el alma del poeta.

Entonces fue cuando me decidí a escribir a dicha institución italiana, y a vuelta de correo postal recibí una misiva del Sr. Ángelo Manitta, presidente de la misma, que aunque no complacía mi pretensión totalmente por razones puramente económica, y que comprendí perfectamente, fue muy alentador y a la vez contentivo de un mensaje enriquecedor, el cual, plasmo a continuación:

QUERIDO G. Batista Osorio,

he recibido de algún tiempo sus poesías "Muñequita de porcelana" enviados el 30 de noviembre de 2013, y que a mi han llegado después de más de dos meses de cuando las ha enviado. He leído sus poesías y las tengo muy estimadas por el ardor y por la participación **al dolor de la vida y a la separación.** Yo espero sobre el próximo número de la revista El Convivio de publicar alguna poesía. ..

En la espera de una suya contestada, deseándole una buena salud, le mando mis mejores saludos.

Ángelo Manitta

Con este acontecimiento la vida me hubo de retar; manifestado el dolor como señala el Sr. Manitta, en la soledad interior de mi espiritualidad, se abrió un camino, de inmediato pensé en darme a la tarea de fundar una institución que a través de la cultura contribuyera al mejoramiento humano.

Fue así como en la Revista Año XV No. 56, y Año XV Revista 58, saliendo a la luz del día, se publicó el poema titulado **"Siempre buen tiempo",** y en la siguiente **"Padre de todos",** pero ello también creó un vínculo con la referida institución a través del cual su presidente me hubo de sugerir la creación de un grupo de poetas cubanos que escribieran y publicaran en su revista **¡Magnífico!** Fue una puerta para salir del aislamiento y manifestarnos al mundo desde nuestro terruño patrio mediante un intercambio cultural, y lograr el objetivo planteado; así comenzó la tarea, comunicándoles la idea a varios poetas, escribiéndoles, dándole a conocer las características del Convivio que nos convocaba. **Fue así como nació el Club de La Poesía "El Convivio", Cuba - Italia en la Ciudad de Holguín donde un grupo nos reunimos, celebramos nuestros talleres y tertulias, debatimos nuestros asuntos, contamos con un espacio en la revista "El Convivio Internacional" y también nos comunicaron recientemente la autorización para publicar poesías y noticias del mismo en el sitio web de La Academia.** Los miembros del Club participan en concursos convocados localmente y en los establecidos por la institución en Italia; ya no solamente en poesía, también en narrativa. Así, parado frente al reto de la vida, le hemos desafiado, le dimos la respuesta que quizás no esperaba en medio de la soledad. Queda aún mucho por aprender, por hacer, por continuar la batalla para suavizar la vida y ofrecérsela con un mejor sabor a nuestros semejantes, la meta, en el creador siempre está presente, cada vez se sitúa un poco más distante y con sabores mucho más agridulce.

El pensamiento martiano nos ha convocado a no desmayar, a continuar creando, a mantener las cualidades y valores para lo cual hemos recibido ese maravilloso don de lo alto.

El hombre, el escritor, el poeta, el revolucionario, el cristiano, el científico, el buscador... está hecho para crear, a imagen y semejanza de Dios.

Nuestro Martí ha dicho, sito: **"No se ha de juzgar un poeta por lo que pudo hacer, cuando hay abundante copia de lo que hizo"** (Obras Completas, t. 15, pág. 357 párrafo final)

Nunca he olvidado las palabras fortalecedoras que un día, uno de esos días en que la barca de mi vida atravesaba mares revueltos y de olas tremendamente encrespadas en su altitud, mi amigo el MsC. Jorge Grau Álvarez, Fiscal de la Provincia, me dijo poniéndome su mano en el hombro: **"el hombre es muy semejante a una computadora, está hecho para regenerarse, no te derrumbes"**; así lo hice con el apoyo del generoso grupo de poetas y escritores que me acompañaron.

- Cómo se crea el Club de La Poesía "El Convivio" Cuba-Italia, en Holguín?

Luego de conectarme con mi entrañable y querido amigo José Orlando del Río Aguilera, poeta y compositor musical, residente en la ciudad, y explicarle la idea y pretensión del presidente de La Academia Internacional "El Convivio" de Italia, Sr. Ángelo Manitta, y la mía que en este caso había admitido ser su colaborador, le propuse iniciar nosotros el denominado hasta esa fecha, Grupo de Poetas. A los dos o tres días Orlando del Río me presentó la creación de María Esther Font Tineo y su deseo de participar junto a nosotros; rompimos la inercia.

Seguidamente elaboré una carta dirigida a otros poetas, especialmente los que se habían dado a conocer en el Cuaderno de Poesía de Nostre Club, Barcelona, España, en ese año 2013, invitándoles a participar en el referido Grupo, y pasando a ser los fundadores del mismo los siguientes:

* Ariel G. Batista Osorio
* Àngelo Manitta
* José Orlando del Río Aguilera.
* Idilio Leyva Proenza
* Loida Baladrón Rodríguez
* Astor Hernández Sánchez
* Miriam de A Ricardo Mulet
* Elena E Wejby Ruiz
* Elisandra del Prado Torres
* Arianna P Hernández Almaguer
* Osvaldo Pérez Díaz
* Sergio Luis Vega Reyes
* Justo A Betancourt Pérez
* Manuel A Céspedes Álvarez
* María E. Font Tineo
* Margis Páez Peña,

- Nuestro primer encuentro

Celebramos nuestro primer encuentro el 29 de noviembre del año 2014 en el salón de reuniones del Hospital Universitario Provincial Pediátrico de Holguín "Octavio de la Concepción y de la Pedraja", gracias a la amabilidad y buena voluntad de su directora Dra. Galina Galcerán Chacón, decidiéndose crear el Club de La Poesía "El Convivio" Cuba – Italia, en Holguín; El Convivio Cubano sugerido por el Sr. Manitta, presidente del Convivio Internacional.

De inmediato se aprobó el proyecto propuesto:

PROYECTO PARA LA CONSTITUCIÓN DEL CLUB DE LA POESÍA "El CONVIVIO".

CUBA - ITALIA. - HOLGUÍN

Objetivo:

Nuestra Cuba. Nuestras necesidades artísticas – intelectuales, y de agruparnos, de verter ideas y sentimientos en versos, inicialmente desde la Ciudad de Holguín.

Nuestro sentir cubano. La devoción a la poesía patria y martiana.

Nuestra generosa aspiración de formar parte y contribuir a la cultura cubana en colaboración con la Academia Internacional "El Convivio" de Italia, e intercambiar nuestras poesías y demás creaciones literarias.

Organización:

Su formación donde participe un grupo de poetas cubanos que acogidos por La Academia Internacional El Convivio de Italia, y a solicitud de su Presidente Sr. Ángelo Manitta, publiquemos nuestra obra en su revista que contribuya a diseminar nuestra cultura y apreciar otras que la revista nos facilite, en apoyo a la digna tarea del mejoramiento humano.

Se designa una directiva compuesta por: Un Presidente, un Secretario, y un Vocal.

Presidente: Ariel G. Batista Osorio (Centro)

Secretario: Idilio Leyva Proenza (Derecha)

Vocal: Loida Baladrón Rodríguez (Izquierda)

Luego atendiendo a la necesidad del Club fueron incrementados:

Promotora Cultural: Rocío L Sánchez Ruiz.

Presidente de Honor: Àngelo Manitta, muy especialmente a su persona, nuestro amigo.

Relaciones públicas: Sara Caridad Hernández Camejo.

- Incorporaciones posteriores hasta el mes de enero del 2018:

- Félix B Vega Reyes
- Nicolás C Rodríguez González
- Sara Caridad Hernández Camejo
- Máximo Javier Guerrero Espinosa
- María Teresa Mir Arjona
- María Magdalena Miranda Patiño
- Rodolfo B Patiño Sánchez
- Félix González Durán
- Daysi Freeman Peña
- Flor Teresa Rodríguez Peña
- Grabiel Reyes Cruz
- Neysi Ortega González
- Rosario de Los Ángeles Torres Bacallao
- Ana María Serrano Batista
- María D Leal Osorio
- Alfredo Jesús Martínez García

El Convivio en su Tertulia

Poetas en su tertulia

- Funcionamiento:

Además se acordó sesionar regularmente, luego de coordinarse, se fijó como lugar de reuniones **La Sede de La Cruz Roja Provincial de Holguín,** autorizado así con mucho gusto por su directora Lic. Raisa Hernández Tabera quien nos auspició desde sus inicios.

En los distintos encuentros celebrados se da lectura a las creaciones de cada poeta antes de enviarlas a Italia, u otro lugar, se celebran Talleres como medio de capacitación para todos, se dan a conocer las invitaciones a los distintos espacios culturales, determinados concursos, y otras actividades. Es de destacar que desde el principio contamos con la ayuda de

Joaquín Osorio Carralero, Promotor Cultural (Premio Nacional) del Centro Provincial del Libro de Holguín, promoviendo nuestra publicidad. Se cumplió con el programa ideado.

Fue aprobado por los miembros y, utilizado el siguiente logotipo:

- **Espacios culturales a que el Club ha sido invitado de forma permanente:**

* En La Galería Holguín, los primeros viernes y terceros sábados – Poesía – Hora: 4 PM.

* En el Café Las Tres Lucías los terceros martes a las 4 PM. Espacio Poesía, música y café.

* En La Biblioteca Provincial "Alex Urquiola Marrero": Espacio "Verso a verso", terceros viernes a las 10 AM.

* En La UNEAC (Unión Nacional de Escritores y Artistas de Cuba), Café Literario. Hora: 5 PM.

* Otros espacios culturales que eventualmente se han venido produciendo.

- **Actividades literarias y culturales en que el Club ha participado y desarrolla**

* Concursos Literario "Antonio Filoteo Omodei" convocados por La Academia Internacional "El Convivio" de Italia (Poesía y narrativa)

* Otros concursos Literarios "El Convivio". (Poesía y narrativa)

* Concurso Primera Edición "Un poema a las madres" Biblioteca Provincial "Alex Urquiola Marrero" de Holguín.

* Concurso "Un poema de amor" en homenaje al poeta Delfín Pratts en La Casa de Iberoamérica.

* Encuentros con Poetas del Mundo en Las Romerías de Mayo. Casa de Iberoamérica.

* Poemas a los padres, en ocasión del Día de Los Padres del 2015, en el Espacio "Verso a verso" de La Biblioteca Provincial "Alex Urquiola Marrero".

* Espacio "Mañana de poesía". Casa de Iberoamérica.

* Espacio "Poesía, música y café" en Las Tres Lucías.

* Tertulias realizadas en el Ateneo de la Librería Botev, dirigidas por Sara Caridad Hernández Camejo, promotora cultural del Centro Provincial del Libro.

* Participación de varios poetas del Club en el evento internacional – año 2015 – celebrado en La Periquera de Holguín, y dirigido por Joaquín Osorio, en homenaje a la poeta y escritora gallega Rosalía de Castro.

* Narrativa Hipermicroficción, Ediciones CIINOE. España.

* Participación en La Asociación Internacional de Poetas del Mundo, en Isla Negra, Chile.

* Festival de Poesía y Música de La Iglesia Los Amigos (Cuáqueros) de Vista Alegre. Holguín 2015.

* Encuentro Municipal de Talleres Literarios, Casa de La Cultura de Holguín – 2015.

* Cuaderno de Poesías – Nostre Club – Barcelona, España (ya extinguido).

* Encuentro sobre Ecología con poetas, escritores y artistas en La Iglesia Católica "San José" de Holguín, con el P. Vicente Llambías, conforme a la proyección del Papa Francisco.

* Actividad Comunitaria de los miembros del Club donde participaron acompañantes de los mismos, e invitados de honor la Lic. Raisa Hernández Tabera, Directora de La Cruz Roja Provincial de Holguín, y la MsC Caridad Hernández Camejo, Promotora Cultural del Centro del Libro Provincial.

* Otras actividades comunitarias, tertulias, que se extendieron a todos los meses de noviembre de cada año desde su fundación.

* Actividades realizadas por la Asociación Cultural Polo Montañez en Holguín, incluyendo anualmente la participación de los poetas del Club en el Concurso "Una Flor para Mamá".

* Tertulias, asambleas, presentación de revistas, homenajes, etc., de La Sociedad Cultural José Martí en Holguín, de la cual, varios poetas del Club son miembros.

* Participación en el Movimiento de Poetas del Mundo, con publicación en la Agenda anual de dicha organización, el fundador – presidente del Club, Ariel G. batista Osorio.

* Otros concursos y convocatorias realizados por distintas instituciones nacionales y extranjeras, entre los que se destaca la participación de los miembros del Club en La Asociación Cajamarca, Identidad y Cultura, de Cajamarca. Perú, dirigida por su presidente Guillermo Alfonso Bazán Becerra.

* Participación en entrevistas y otros programas del presidente, vicepresidenta, y algunos miembros del Club en las Emisoras provincial y local holguineras, Radio Angulo, y Radio Holguín La Nueva, especialmente en el programa Café Milenio, entre otros.

* Iniciamos **La Sección "VidaLiterariaMartiana"**, donde trabajamos la vida y obra de nuestro Apóstol José Julián Martí Pérez.

* Por último, trabajamos la historia de nuestra Patria mediante ponentes del Club referentes, en fechas señaladas de importancia; así como de determinadas figuras de la cultura y la literatura, y el arte, de relevancia.

* **PREMIOS INTERNACIONAL OBTENIDOS POR MIEMBROS DEL CONVIVIO**

Italia	As. Int. Poetas del Mundo	Cajamarca, Identidad y Cultura.	Nostre C.
19	3	19	1

Para un total general de **42** premios de carácter internacional obtenidos en la etapa desde su fundación en noviembre del 2014 hasta febrero del 2020.
En el Boletín Literario "Ecos de Holguín" fue reflejada una crónica sobre este aspecto, que tenemos el placer de consignarla en este escrito:

CRÓNICA SOBRE CONVIVIO CUBANO

Fundado el 29 de noviembre del 2014 en el salón de reuniones del Hospital Pediátrico Provincial de Holguín "Octavio de la Concepción de la Pedraja", el Club de La Poesía "El Convivio", Cuba – Italia, sobre sólidos cimientos, se ha levantado, y es en esta linda etapa del año, en su cuarto trimestre que celebra su Aniversario. Ya del Convivio Cubano existe una huella que iniciada con el apoyo de la Academia Internacional de Poesía, Arte y Cultura de la hermana patria de Dantes Alhigiere, denominada "El Convivio", y sembrada en tierra de la patria de Martí, siempre en consonancia con sus principios, ha alcanzado espacios más allá de nuestras fronteras. Entre encuentros, tertulias, actividades comunitarias, entrevistas radiales y en el lente de la prensa escrita, sus poetas y escritores han vertido sus sentimientos de amor y patriotismo; precisamente este año le fueron dedicadas varias tertulias al apóstol José Martí; así, un poemario en la jornada a su natalicio, el cual, fue entregado al presidente de la Filial de La Sociedad Cultural José Martí en la provincia, Eliel Gómez. Varios han sido sus logros, es de destacar que en sus ya cinco años de vida el Club de La Poesía El Convivio, Cuba - Italia de Holguín, ha sido merecedor de cuarenta y dos premios intarnacional en poesía y narrativa. Significamos que ocho de sus afiliados son miembros de la Sociedad Cultural José Martí, quien tuvo a bien en el año 2018 condecorar al "Convivio Cubano" mediante un Diploma de Honor, por su labor martiana; así como de igual forma varios de ellos pertenecen al Movimiento de Poetas del Mundo y Asociación Internacional de Poetas del Mundo, Isla Negra, Chile; también se ha participado asiduamente en eventos locales de poesía dirigidos por el Premio Nacional de Promoción Cultural Joaquín Osorio Carralero, Casa de La Cultura Municipal de Holguín, etc., incluso en el evento que con carácter internacional se efectuó en homenaje a la española Rosalía de Castro en el local que ocupa La Periquera; varias ha sido la particiàción en dichos eventos, en poesía y narrativa, engrandeciendo la cultura de nuestra ciudad de "Los Parques", y el mejoramiento humano.

- Otras cuestiones de interés

* Desde el primer trimestre del 2015 se edita por el Club para sus miembros y algunas personalidades del territorio el Boletín Literario "Ecos de Holguín". Incentivados por nuestro gran amigo el Sr. Manitta, asumimos la tarea de crear un Boletín Literario que trimestralmente, luego semestralmente, reflejara las obras poéticas y de todo tipo, presentadas por los miembros del Club a La Academia en Italia y también se relacionaran las noticias más relevantes sobre nuestro funcionamiento. Este Boletín lo hacemos llegar a todos los participantes, y personalidades relevantes, relacionadas con el "Convivio Cubano" con el objetivo de que conozcan la actividad de nuestra institución, de carácter humanitario, no lucrativo.
* Se trabaja por incrementar las actividades del Club de forma programada.

- ¿Qué significa Convivio?

Cuando cristalizó el acuerdo de intercambio cultural y la decisión de La Academia Internacional "El Convivio" de que se estableciera un sistema de colaboración entre "El Convivio Cubano" y la referida institución italiana Academia Internacional "El Convivio" de Poesía, Arte y Cultura, ofreciéndonos su apoyo para nuestro funcionamiento y desarrollo, nos asaltó una duda: qué significa Convivio, dónde nace dicha denominación, por lo cual me dirigí al Sr., Manitta preguntándole sobre el referido extremo respondiéndome muy amablemente de la siguiente manera, cito: "El Convivio es el nombre de nuestra organización cultural. ¿Por qué se llama Convivio? Se trata de una obra de Dante Alighieri, que junto a la variedad de arte, casi en un ideal banquete hecho de poesía, de cultura y de literatura. El Convivio, ópera del mismo argumento y una ópera del griego Platón ¡Aquí está! Por qué el título. Convivio significa "banquete de sabiduría", lo que realmente hemos tratado de ofertar a sus participantes, visitantes, y toda persona que se relacione con el mismo...

Nuestra relación literaria con La Asociación Cajamarca, Identidad y Cultura. Perú

Uno de los grandes logros que el Club de La Poesía "El Convivio Cubano" ha tenido desde hace varios años, es la relación literaria con La Asociación Cajamarca, Identidad y Cultura, de Cajamarca, Perú, cuando a través del Cónsul de La Asociación Internacional de Poetas del Mundo en Isla Negra, Chile, Alfred Asís, se nos convocó a participar en tan prestigiosa institución cultural peruana, de carácter humanitario, grandemente trabajadora en sus obras editadas por contribuir al mejoramiento y rescate de los valores humanos en nuestras sociedades; ello contribuyó a enriquecer nuestra labor, y ver una puerta más, abierta, en el alto concepto que poseemos de poner nuestro intelecto a disposición de la humanidad, en cumplimiento de la digna tarea de contribuir a lograr "un mundo mejor". Gracias de parte de nuestro colectivo al hermano Guillermo Alfonso Bazán Becerra, su presidente, por su certera dirección en busca de metas cada vez más amplias por el enriquecimiento humano, Dios sea con todos en este bello empeño!

Otras actividades colaterales desarrolladas, vinculadas al Convivio Cubano

Valiéndonos de la experiencia y relaciones establecidas, nos dimos a la tarea igualmente de fundar el Ministerio Arte Cristiano "Camino de Belén", en La Iglesia de Los Amigos (Cuáqueros) de Vista Alegre, en Holguín, en el cual, un grupo de mujeres, hombres, juveniles, y jóvenes, han llevado sus dones buscando enriquecer la espiritualidad personal y de todos: poesías, canciones, narrativas, presentación de obras, pinturas, oraciones a Dios, testimonios, etc., efectuado los segundos sábados de cada mes, con la culminación de un café colectivo. Su himno lema:

Camino de Belén

El Camino de Belén yo te señalo
el Camino de Belén traigo aquí
el Camino de Belén yo te regalo
para que tus dones lleves a él.
Por ahí vienen los reyes magos
buscando la señal
la estrella de Jesucristo
que en Belén anunciando va.
El Camino de Belén yo te señalo
el Camino de Belén traigo aquí
el Camino de Belén yo te regalo
para que tus dones lleves a él.

Autor: Ariel G. Batista Osorio

Nueva versión del Convivio Cubano

Institución Literaria El Convivio Cubano

Institución Literaria El Convivio Cubano	
"El verso por donde quiera que se quiebre, ha de dar luz y perfume". José Martí	
Constituida:	**Enero 1º del 2020**
País:	**Cuba**
Dirección:	**Calle Maceo No. 26 Reparto Zayas. Holguín. Sede de La Filial Provincial de La Cruz Roja en la ciudad de Holguín.**
Email	arielbatista@infomed.sld.cu cadmiel48@nauta.cu florteresa64@nauta.cu

Anteriormente denominada Club de La Poesía El Convivio, Cuba - Italia. Actualmente funciona como una Institución coordinadamente con la Filial Provincial de La Sociedad Cubana de La Cruz Roja en Holguín; con fines culturales en pro del mejoramiento humano, martiana, de carácter y utilidad pública, sin ánimo de lucro, acuerdos de la organización y disposiciones establecidas en la República de Cuba, y sus reglamentos internos. Creada en el año 2020, bajo los auspicios de La Filial Provincial de La Sociedad Cubana de La Cruz Roja en Holguín.

Constitución

La Institución Literaria El Convivio Cubano se constituye por término indefinido y tendrá su domicilio oficial donde lo determine su Consejo Directivo, el cual podrá establecer filiales en cualquier lugar de la República de Cuba. La relación nominal de miembros constará en hojas anexas al presente documento.

Ubicación y localización

Su sede se encuentra en la Calle Maceo No. 26 Reparto Zayas. Ciudad de Holguín. Sede de La Sociedad Nacional Cubana de La Cruz Roja. Filial Holguín Telf. 52613835 - 54797606 - 24482360

Misión

Tiene como misión la preservación, el estímulo al estudio, y la difusión de la obra del Apóstol de La Patria José Julián Martí Pérez, tanto en sus obras desarrolladas, como en su actuar, además de la cultura cubana y universal.

Patrimonio

Su patrimonio está formado por:

- Las revistas procedentes de La Academia Internacional El Convivio, de Poesía, Arte, y Cultura; radicada en Castiglione di Sicilia. Italia.
- El fondo documental que la misma produzca.
- El fondo monetario que la Institución controle por el aporte de sus miembros, y/o, pueda recibir como donación.

Actividades

Para la consecución de sus fines organiza regularmente tertulias, cursos, talleres, actividades comunitarias internas, exposiciones, espectáculos musicales, y otros relacionados con la obra del Apóstol de La Patria, y otras grandes figuras de la cultura cubana y universal. Brinda a los miembros la opción de participar en forma de colaboración cultural en La Academia Internacional El Convivio, de Poesía, Arte, y Cultura en Italia. Con ánimo humanitario: en el Movimiento de Poetas del Mundo, en Santiago de Chile como miembros; La Asociación Internacional de Poetas del Mundo en Isla Negra, Chile de manera consagrada o emergente; La Asociación Cajamarca,

Identidad y Cultura, de Cajamarca, en Perú; y La Sociedad Cultural José Martí; así como cualquier otra institución con parecidas características humanitarias, no lucrativas. Especial interés para la Institución Literaria El Convivio Cubano, la estrecha coordinación de trabajo con La Sociedad Cultural José Martí, Filial Holguín; con el fin de promover el pensamiento y obra del Apóstol.

Novedades

- "Boletín semestral Ecos de Holguín".
- Tertulias dirigidas conforme a la temática acordada.
- Coloquio con alguna personalidad invitada.
- Concursos literarios en correspondencia con determinadas fechas.

Miembros de Honor

- José Orlando del Río Aguilera (Fundador del Convivio)
- Raisa Hernández Tabera (Directora de La Cruz Roja Cubana en Holguín)
- Ángelo Manitta (Presidente de La Academia El Convivio Internacional en Italia; pdte de honor del Convivio Cubano).

Productos de Literaria El Convivio Cubano

- Emisión semestral del Boletín "Ecos de Holguín", impreso por encargo.
- Boletín "Ecos de Holguín" en formato digital para su distribución dirigida.

Directiva: Ariel G. Batista Osorio, fundador- presidente; Ángelo Manitta, presidente de honor; Flor Teresa Rodríguez, vicepresidenta, Idilio Leyva Proenza, secretario ejecutivo; Rosario de los A. Torres Bacallao, tesorera, y Loida Baladrón Rodríguez, vocales.

Revista cultural de La Institución Literaria El Convivio Cubano

Con el auspicio de la Filial Provincial de La Cruz Roja Cubana en Holguín, y la colaboración de La Academia Internacional El Convivio de Poesía, Arte y Cultura de Italia, la Institución cubana ha creado la revista FORMATEANDO, la que ya se ha publicado tres números en formato pdf; recorriendo el mundo.

Poetas y escritores del Convivio Cubano, agradecemos la posibilidad que nos dio el Qvaderns de Poesías de Nostre Club, pues, fue a través del mismo, con la oportuna asistencia del profesor Rafael M Altamirano – Ninalquín, de la amada Argentina, relativa a su publicación sobre la revista El Convivio, creamos una relación cultural sólida con La Academia italiana, quien nos dio su mano con el fin de ayudarnos a consolidar nuestras aspiraciones; actitud fraternal que también agradecemos a nuestro promotor el Sr. Ángelo Manitta, su presidente.

No es posible olvidar a Monseñor Pere Grau i Andreu, quien con sus anhelos literarios, humanitarios, de esperanza y de amor, abrió las puertas a tantos amantes de la literatura, quizá sin pensar en la magnitud de su bella vida y obra. Estamos madurando la idea de en la próxima revista nuestra dedicar un artículo en homenaje a ese hombre – sacerdote – hijo del Altísimo, que su memoria nunca ha de extinguirse.

ME REMITO NUEVAMENTE AL QVADERNS DE POESÍA DEL 2015

Como fue característico en Monseñor Pere Grau, inicia el libro con su acostumbrada **HOLA!**

Ariadna, un fruto de los abuelos del Hogar

HOLA!

La ARIADNA cumplió cinco años en el mes de junio. Nacida en CA L´AVI ha sido arropada por los abuelos desde bebé. Se comporta siempre alegre. Los abuelos son sus abuelos. Con atención especial para la EVA, fallecida en el mes de febrero. Compartían muchas horas. Se acompañaban. Se consuela acudiendo a la iglesia encendiendo una vela y a la vez escribiéndole cartas que deposita en el buzón. Como si el conocimiento de la muerte le abriera otros horizontes.

Si nos paramos a mirar aquellos futbolistas con un record de goles sacaremos la conclusión que han nacido a una nueva vida, aclamados como mitos.

De manera diferente esto puede ocurrir con los tres hermanos cocineros que han sido reconocidos mundialmente por sus trabajos y calidad. Por encima de la calidad de su trabajo han nacido de nuevo, diferentes de antes.
Otro aniversario tenemos en el mes de junio. En el día 10de junio de 1902 a las 6:30 de la tarde fallecía en la VILA JOANA MOSSÉN JACINT VERDAGUER muy cerca de CA L´ÁVI. Su fama le acompañó desde los diecisiete años al ser premiado en els JOCS FLORALS DE CATALUNYA. Trabajó su musa poética toda su vida. Recopiló la lengua catalana al

popularizar sus poemas y grandes relatos. Ganó el favor de los intelectuales contemporáneos. Pero... al fallecer es cuando nació de verdad. La multitud del pueblo le aclamó en su entierro. Y posteriormente levantó monumentos por doquier: EL POETA DEL POBLE.

Tuvo incomprensiones con sus enemigos, ahora olvidados en la soledad de sus tumbas. Mossén Cinto continúa trabajando y vivo en las bibliotecas y en el corazón de los catalanes. El canto del VIROLAI a la MARE DE DEU DE MONTSERRAT se canta a diario en el MONASTERIO.

Pregunto, un poeta puede morir? Creo que no. Lo he aprendido cuando en primavera tengo que ordenar por orden alfabético doscientas participaciones conteniendo el suave néctar de la POESÍA. Todo el equipo luchamos para que no se pierda ni uno de vuestros poemas. **LOS VALORAMOS, los acondicionamos, apretados, dentro de un libro para que sigan vivos viajando por todo el mundo. Esta es nuestra vocación: Prescindir de grado cultural y valorando la llamada MUSA, procedencia de pobres o ricos, que precisan de un MECENAS.** (Aquí está la esencia y naturaleza del Proyecto Cultural de Nostre Club; anteriormente me hice la pregunta: Conocía Monseñor Pere Grau la diversidad de criterios que los detractores de su obra vertían en distintos escenarios? En esta valiosísima introducción que hace en el libro del 2015, está la respuesta muy claramente).

Me siento obligado a consultar el EVANGELIO. Cuando SAN PEDRO hablando de un paralítico él dice que no tiene ni oro ni plata, pero sí que en el nombre del SEÑOR te digo levántate y anda. Vais a cumplir vuestra andadura cuando dentro de poco este libro pasa de mano en mano.
Estoy contento de conoceros. Doy gracias a DIOS por el regalo que pone en mis manos. Y... recomiendo que la fuente de tu inspiración continuará manando. **NO PONGAS OBSTÁCULOS. Mucha gente espera de los poetas salud del alma y cuerpo.** Como aquella víctima de la sociedad; aquel otro que quería enmendar sus errores; como tantos que buscan en la

paz, el amor, la justicia, LA VERDAD DE UN DIOS que no distingue entre buenos y malos… **Tu poesía puede ser para ellos como una luz, como una luz, como una estrella en la oscuridad y el mejor compañero en la soledad. PROHIBIDO APARCARSE. SERÁS FELIZ AL BUSCAR LA FELICIDAD DE LOS OTROS.**

MUCHAS GRACIAS! PER MOLTS ANYS!

mossén Pere Grau i Andreu

Observación importante:

Se habla de las premoniciones, también de la guianza del Espíritu Santo; sea de una u otra manera (me inclino a la segunda opción), en esta última epístola del Padre Mons. Pere Grau se concluye el sentir y obrar de este gran hombre, hermano, colega. Solo a unos meses de su partida a los atrios de su Señor, en el Cuaderno No. 38, precisamente el que cierra, el último, del conocido mundialmente Nostre Club, una de las más bellas etapas de su vida con la liberación del alma mediante la fe y la poesía, en dedicación y ayuda al prójimo, cual médico del espíritu y, a su vez "guía espiritual" de ese equipo de poetas que consideró un regalo de Dios, e instó a no desmayar en su propósito para bien de la humanidad.

Y por si fuera algo controvertido, aquí va su despedida en su último poema publicado en el referido Cuaderno:

Marcharé	La carga	Con la
Marcharé	no pesa.	garantía
hacia	El amor	DE LA
la otra	no pesa	NUEVA
plenitud.	a belleza	OFERTA

Lo escrito
escrito
está.

Iniciada
la marcha
voy a
saludaros
efusivamente.

Mientras
aquí,
- como
siempre –
continúo
buscando
la felicidad
hasta
la partida.

La felicidad mía,
- muy mía –
me la llevo
cargada
en las espaldas.

refresca
la FE TODO
LO
ARREGLA.

Ni las penas
ni las
alegrías
han interferido
mi paz.

Espero
el encuentro
y el brazo
del SEÑOR.
No cambiaré
mi cara
cansada
garantizando
así
mi trabajo.

Le abrazaré
tal como soy.

ETERNA.

Mn. Pere
Grau i Andreu
Les Planes

A MODO DE CONCLUSIÓN

He leído buenos libros y revistas, mi obra ha sido antologada en diversas publicaciones de La Asociación Internacional de Poetas del Mundo en Isla Negra, Chile. Movimiento de Poetas del Mundo, Santiago de Chile. Asociación Cajamarca, Identidad y Cultura, de Cajamarca, Perú; revista El Convivio de La Academia Internacional de Poesía, Arte y Cultura de Italia; he publicado numerosos libros en JustFiction! Edition, editora académica española radicada en Riga, capital de Letonia; pero nunca había conocido un libro con las características del Qvaderns de Poesía de Nostre Club, Les Planes, de Barcelona, España; tan popular, respetado por personas de valor, humanitario, cuyo contenido es un baluarte al reconocimiento del sentimiento humano, que lograra aun sin conocerse personalmente la mayor parte de sus letristas (como significó el profesor Altamirano), autores, pudiera fomentar una encomiable fraternidad literaria y, de amistad en muchos casos, donde lo humano y lo poético han marchado de la mano demostrándose una vez más la grandeza inigualable de la poesía, máxime cuando de ella brota la semilla, profunda, que señala y consuela, libre de ataduras, significativa y enriquecedora del espíritu. Pero también el rescate de ese bello género perdido: la epístola, calzado con reportajes y, el mágico mundo de la fotografía con su extraordinario lenguaje.

Fue mi especial motivación escribir sobre él con el marcado objetivo de deshacer criterios mal concebidos, quizá de quienes no conocieron con profundidad la obra de Nostre Club y su principal hacedor, el Cura del Amor, queriendo resaltar, encomiar y declarar con total claridad – porque honor a quien honor merece, dijo nuestro Apóstol José Julián Martí Pérez, que algunos lo invocan pero les cuesta acercarse a su pensamiento -, la profunda paternidad y amor con que ese gran hombre, sacerdote de talla universal, hijo de Dios, de inmensa estatura espiritual, supo guiar el referido Proyecto

Cultural durante treinta y ocho años de su fructífera vida, hasta que fuera levantado de la tierra como un **"ángel artista".**

Muchos sentimos el dolor que aprieta el pecho cuando de diversas maneras conocimos la noticia del deceso del amado sacerdote – poeta, fue como si algo nos apretara la garganta; cosas de la vida contra la cual no podemos luchar, sino aceptar obligadamente, pero, la muerte no significa lo peor cuando se vive para la vida. Hemos venido al mundo con una misión, importante es cumplirla y marchar con la frente en alto y el regocijo de haber dejado un legado que no debe fallecer.

Es oportuno llamarnos la atención, nosotros que hemos anidado en nuestros corazones la simiente de la literatura, de esa obra impresa en el alma de Pere Grau, que amamos y construimos y, aquellos que se equivocaron, pero nunca es tarde para rectificar y reconocer, no permitir que ese legado ruede por el suelo, sino que lo fomentemos, como siempre él quiso y para lo cual se sacrificó – dulce sacrificio -.

No dejar morir la obra que regó Nostre Club, pienso, debe ser nuestro punto de mira; amén de las adversidades que nos salen al paso, de las trabas, de los pensamientos negativos, de la falta de ayuda y recursos, del no reconocimiento de quienes pueden con ello levantar el espíritu, mas, contra la voluntad bien intencionada y firme, es difícil que un ejército de malas intenciones pueda.

Unos cuantos han dicho, incluso yo llegué a pensarlo, soy honesto, por qué Monseñor Pere Grau no preparó un relevo que continuara la obra que emprendió y mantuvo durante tantos años; desarrolló un proyecto cultural que trascendió las fronteras de muchos países, sin embargo, no previó que podía extinguirse en un momento, el de su partida. Pero luego al conocer las interioridades del escenario en que se debatía Monseñor, supimos que solo hombres de su talla estaban dispuestos a llevar adelante tamaña obra, conjuntamente con un hogar de ancianos sin recursos. ayudado y apoyado por jóvenes de bien y otras personas, cristianas, que no dieron lo que les sobraba, sino lo que el corazón le dictaba, como la mujer de la historia bíblica que ofrendó una blanca, la única moneda que tenía, no la que rebosaba su bolsa.

Datos del autor

Ariel G. Batista Osorio, natural del municipio Puerto Padre (Delicias). Provincia de Las Tunas. Cuba. Escritor y poeta. Residente en la ciudad de Holguín. Provincia de Holguín.
Agosto de 1948.
Licenciado en Derecho. Graduado del Curso Bíblico – Teológico del Seminario Evangélico de Teología, Internacional, de Matanzas (SET). Cuba. Vicepresidente de La Cruz Roja en la provincia de Holguín. Miembro de La Unión Nacional de Juristas de Cuba; de La Sociedad Cultural José Martí; de Los Amigos (Cuáqueros); fundador – presidente de La Institución Literaria El Convivio Cubano en Holguín, en colaboración cultural con El Convivio internacional de Italia; del Club de la Emisora Radio Reloj; del Movimiento de Poetas del Mundo, y poeta consagrado de La Asociación Internacional de Poetas del Mundo en Isla Negra, Chile; con creaciones poéticas, y narrativas en La Asociación Internacional de Poetas del Mundo en Isla Negra; Nostre Club en Barcelona, España; Academia Internacional de Poesía, Arte y Cultura El Convivio de Italia; Asociación Cajamarca, Identidad y Cultura, de Cajamarca, Perú; Revista The Ambassador de La Alianza Literaria Canadá – Cuba. Editorial Académica Española JustFiction! Edition, Riga, Letonia, donde ha publicado numerosos libros. Fundador – presidente del Ministerio Arte Cristiano "Camino de Belén", y fundador - director de la "Pastoral de acompañamiento espiritual" – interdenominacional -, auspiciado por La Obra de Los Amigos (Cuáqueros) en Vista Alegre. Holguín. Miembro del Jurado del Concurso de poesía "Una Flor para Mamá", de La Asociación Cultural Polo Montañez, en Holguín, en diversas oportunidades.
Premiado en diversas ocasiones en narrativa y poesía cristiana en la Obra de Los Amigos; Biblioteca Provincial Alex Urquiola Marrero; Casa de La Cultura Municipal "Manuel Dositeo Aguilera", ambas de Holguín; así como obtuvo el Primo Premio Assoluto en Selección de Poesías en Italia – 2016, entre otros; Diplomas de Honor en Isla Negra, Chile, y Cajamarca, Perú, en numerosas convocatorias; y Pergaminos de Honor en Cajamarca, Perú, en varias ocasiones, en los géneros de narrativa y poesía.

Bibliografía utilizada:

- Qvaderns de Poesía de Nostre Club – Años 2012, 2013 y 2015.

De consulta:

- Rilke, Rainer María. Cartas a un joven poeta. Editorial Gente Nueva 2011.
- Revistas El Convivio. Academia Internacional El Convivio de Poesía, Arte y Cultura. Italia.

Fotos de la portada y contraportada: extraídas de los textos señalados.

Índice.-

Nunca en mi profesión de escritor y poeta he sentido la satisfacción de haber escrito un libro que haya ocupado un amplio lugar en mi mente y corazón, como éste que acabo de concluir dedicado a ese hermano, colega, sacerdote, hijo de Dios, padre incondicional.

Dijo nuestro Apóstol de Cuba, José Julián Martí Pérez, que "Honrar, honra"; el reconocimiento a Monseñor Pere Grau i Andreu, por tan grande obra en pro de los humildes, sin distinción alguna, de construir un lugar a sus sentimientos y, transmitirlo al mundo, instándolos a no "aparcarse", como dijera en su último escrito HOLA! es mi convicción de haber obrado como debí obrar.

Haber materializado la idea que hace tiempo me rondaba, me libera de todo peso que lleva a cumplir con el deber. Me siento libre!

Printed by Books on Demand GmbH, Norderstedt / Germany